现代体育文化及其生态建构探究

盛峰 著

全国百佳图书出版单位
吉林出版集团股份有限公司

图书在版编目（CIP）数据

现代体育文化及其生态建构探究 / 盛峰著. -- 长春：吉林出版集团股份有限公司，2022.8
ISBN 978-7-5731-2111-0

Ⅰ.①现… Ⅱ.①盛… Ⅲ.①体育文化－研究－中国－现代 Ⅳ.①G812

中国版本图书馆CIP数据核字(2022)第162900号

XIANDAI TIYU WENHUA JI QI SHENGTAI JIANGOU TANJIU
现代体育文化及其生态建构探究

著　　　者：	盛　峰
责任编辑：	沈丽娟
封面设计：	古　利
开　　本：	880mm×1230mm　1/16
字　　数：	150千字
印　　张：	8.5
版　　次：	2022年8月第1版
印　　次：	2022年8月第1次印刷

出　　版：	吉林出版集团股份有限公司
发　　行：	吉林出版集团外语教育有限公司
地　　址：	长春市福祉大路5788号龙腾国际大厦B座7层
电　　话：	总编办：0431-81629929
印　　刷：	涿州汇美亿浓印刷有限公司

ISBN 978-7-5731-2111-0　　　　定　价：52.00元
版权所有　侵权必究　　　　举报电话：0431-81629929

前　言

文化是一个国家、一个民族的灵魂。建设社会主义文化强国必须具备高度的文化自信与文化自觉，充分激发国民的文化创造力，为实现中华民族伟大复兴而努力。体育文化的建设是新时代中国特色社会主义建设的一部分，对推动社会的发展、建设文化强国、提升国家文化软实力具有重要的作用。同时，体育的生态化建构对于加快生态文明建设，促进自然生态体育项目可持续、健康发展有重要的作用。

基于此，本书以"现代体育文化及其生态建构探究"为选题，在内容编排上共设置五章，第一章是体育文化概论，内容包括体育与体育文化、体育文化区的划定机制、体育文化的未来发展；第二章探讨现代体育文化的多样性呈现，内容涉及休闲体育文化及其运动发展、校园体育文化建设与创新、竞技体育文化及人才的培养；第三章围绕体育文化传播的意义与载体、体育文化的空间传播与区域整合、体育文化传播的优化策略展开论述；第四章对生态文化建设及其文化育人途径、生态体育及其对生态文明的价值、生态体育教育的意义与建设措施进行全面分析；第五章基于体育生态化建构及其可持续发展视角，研究体育生态系统建构与服务、高校体育文化的生态化建构、大众体育生态环境的可持续发展。

本书具有以下三大特色：

第一，坚持学术性。具有独到见解和创新思想，坚持体育理论研究继承前人，突破前人，符合科学原理和客观规律。

第二，坚持可读性。概念通俗易懂，语言生动流畅。既有的放矢，又情理交融，使读者在阅读中深思，在思考中悟道，在醒悟中受益。

第三，坚持应用性。力求书中的观点可以借鉴，方法可以借用。坚持把思想性、理论性落实到应用性和操作性上,用发展着的体育理论指导新的体育实践。

  本书在编写过程中,引用并参考了多位专家学者的理论研究成果以及著作,在此致以衷心的感谢。由于笔者学识有限,加之编写时间仓促,不足与疏漏之处在所难免,欢迎广大读者批评指正。

目 录

第一章　体育文化概论 01
第一节　体育与体育文化 01
第二节　体育文化区的划定机制分析 19
第三节　体育文化的未来发展 23

第二章　现代体育文化的多样性呈现 27
第一节　休闲体育文化及其运动发展 27
第二节　校园体育文化建设与创新 40
第三节　竞技体育文化及人才的培养 44

第三章　现代体育文化的传播及优化策略 53
第一节　体育文化传播的意义与载体 53
第二节　体育文化的空间传播与区域整合 55
第三节　体育文化传播的优化策略 62

第四章　生态文化建设与体育教育措施 65
第一节　生态文化建设及其文化育人途径 65
第二节　生态体育及其对生态文明的价值 89
第三节　生态体育教育的意义与建设措施 92

第五章　体育生态化建构及其可持续发展 ... 99
第一节　体育生态系统建构与服务 ... 99
第二节　高校体育文化的生态化建构 ... 105
第三节　大众体育生态环境的可持续发展 ... 114

结束语 ... 123

参考文献 ... 125

第一章　体育文化概论

面对国际国内形势发生的新变化,在全面开启建设教育强国新征程的道路上,进行体育文化建设尤为重要。本章重点论述体育与体育文化、体育文化区的划定机制、体育文化的未来发展。

第一节　体育与体育文化

一、体育

(一)体育的基本特征

文明社会进入到一定的发展阶段,出现了现代体育,作为在社会各个阶层和各个领域都得到了普及的艺术形式,现代体育主要表现出以下基本特征:

第一,社会化特征。体育的社会化特征是指由全社会来兴办体育,发挥现代体育的社会功能,使体育成为一项社会活动。在我国,体育并未像发达国家一样呈现产业化趋势,而是承担着强身健体的社会职能,同时还改变着人们的生活方式和生活质量。具体而言,体育的社会化特征主要表现在:①竞技体育的社会化,即以个人或企业牵头成立的某体育项目俱乐部或以产业系为核心建立的体育协会等;②大众体育的社会化,即人们积极参与体育项目、投资体育活动或增加体育活动的消费支出;③学校体育的社会化,即学校体育场馆面向社会大众开放以及学校利用社会体育基础设施开展体育教学等活动。

第二，科学化特征。体育的科学化特征是指体育管理、体育锻炼、体育训练和体育教学等方面得益于现代科学技术发展呈现出的基本属性，其中，尤以体育运动训练的科学化属性最为突出，从优秀体育人才的选拔到科学的训练方案制订、体育成绩预判以及医务监督等过程都需要在科学技术的支持下完成。同时，体育运动训练和体育赛事对电子计算机、激光和遥测空间技术等的应用，都为现代体育增加了科学化的色彩。

第三，商业化特征。体育的商业化特征是促使体育运动适应于现代社会的有利因素，主要包括体育活动的投入、基于商业性收益的运动员转让、电视转播权、赛事门票、广告收益、体育活动场所及基础设施有偿使用等内容。

（二）体育的价值体现

1. 价值与体育价值

（1）价值与价值观。价值哲学中对价值的定义可归结为三大类：主观价值论、客观价值论和关系价值论。其中，主体需要与客体属性之间呈现相互依存的关系，集中表现为一种价值，简单来讲就是，价值的产生需要建立在主体具备特定的现实或潜在身心需要，或者客体具备某种现实或潜在有用属性的基础之上。这里所说的客体，既包括物质性的实体，也包括如真善美等精神性的理念。价值从来都不是抽象的，它必然通过人的客观实践得以体现，在实践的过程中，由于客体对实践主体（人）需要的满足程度不同，主体对客体价值的认识也会有所差别。所以，以人们的实践认识活动为基础建立起来的、以主体尺度为参照的、客观的主客体关系，即为价值。从本质上来讲，这种关系集中反映了主体本性、目的和需要与客体存在及属性之间是否一致、是否相适应、是否保持着接近的内在关联。因为价值和人的需要的满足联系在一起，所以谈到价值时，除了讨论价值本质问题外，还经常涉及价值评价、价值选择、价值取向、价值分类等问题。

当人们从自己的需要、利益、情感、愿望和追求等方面来判断某个事物是否有价值、具有何种价值的时候，就产生了价值观。价值观是人们的特定思想，集中反映了生活中的基本价值在人们头脑与思维中形成的观念、信仰和理想的总和，是对是非曲直、真善美和假恶丑做出客观判断的主要依据，更是客观事物对个人及人类意义和价值的直观反映，从长远的角度讲，人们的行为能在正确价值观的引导下得以规范，反之，很多人之所以会误入歧途，很大程度上的原因在于错误价值观念的误导。

（2）体育价值。体育价值与体育功能不同，功能是事物本身固有的客观属性，而价值则是主观的属性。功能是针对事物本身而言的，而价值则是针对他物、他人而言的。一个事物的功能相对固定，而其价值则因为主体需要和使用方式的不同而有很大差别。正是由于价值的认定和个体的主观认定及使用方式相关联，所以对体育价值的认定就出现了不同声音。

1）体育价值的界定。体育价值是合目的性与合规律性的统一，对体育价值的认定，一方面需要符合体育规律和特点，另一方面也有明显的主观能动的成分。在体育价值的界定上，有以下五种不同类型：

效用说：价值表现为一种效用、有效性。在体育中，这种有效性表现为满足人们生存、享受和发展的需要。

关系说：关系说将体育价值放在主客体活动关系中进行考察，它承认体育的客观效用，更强调体育价值是体育这一客体与主体（人和社会）需要之间的一种特定（肯定与否定）的关系。

意义说：意义说强调体育价值是一种主观认定和意义，认为体育价值是体育对主体（人与社会发展及人类文明延续）所呈现出的意义，既有静态的体育价值现象，也有动态的体育价值冲突和体育价值变迁；既有手段性体育价值，也有目的性体育价值。

先验说：先验说认为体育具有自然内在价值。它是指体育自身所具有的价值，即体育自身的存在意义，体育对自身的有用性，所谓内在价值是指那些能在自身中发现价值而无须借助其他参照物的事物，认为运动属性是体育的自然内在价值的核心，文化属性是体育的自然内在价值的灵魂，现代体育需要自然内在价值的回归。

实践说：实践说认为体育价值的实现必须通过体育的实践，只有这样，体育功能才能发挥出来，体现出体育的潜在价值。

上述五种观点，既有价值主观论，也有价值客观论；既有价值的先验论，也有价值的实践论。体育价值表现和其自身功能（即所谓内在价值）有关，也与人们的实践活动相关，没有实践活动的激发，体育价值就无法呈现，而如果体育自身不具有某种功能，再努力实践也是白费功夫。体育价值的发生，需要满足两个基本前提，其一是主体（即人）必须具备一定的主观需求以及期望，其二是客体

(即体育)的客观功能(也就是是否能够使主体需要得到最大限度满足)。只有满足以上两个基本条件,才能使主体通过客体获得心理愉悦的感觉,才能真正凸显体育的价值。

2)体育价值的影响因素。体育价值受到多种因素的影响,有些因素的影响是直接的,有些是间接的。

第一,直接因素。直接的影响包括体育自身的功能与从事体育活动的人。

体育自身的功能。作为认识体育价值的基本前提和必要条件,体育功能是体育价值认识的起源和根基所在,对具备体育功能基础的体育价值观进行探讨,才能使其成为有源之水、有本之木;同时,体育功能的对象化形态和外化的结果或体现也表现为体育价值认识,只有站在体育价值认识和对体育价值观进行探讨的基础上,才能使体育功能有所体现、有所验证、有所确认,从这个角度来讲,二者之间存在着相互依赖、协同共进的内在关联。体育功能可以归结为自然质功能(健身、健智、健心功能)、结构质功能(教育、娱乐功能)和系统质功能(经济、政治功能)三部分。

从事体育活动的人。在体育活动中,人的需要受到运动经历、年龄、性别、兴趣、身体状况、经济收入、社会阶层、教育程度等因素的影响。个人情况不同,对体育价值的认识也不同。

第二,间接因素。间接的影响主要如下:

不同经济发展水平,导致体育价值开发的不同。近年来,随着中国经济条件的改善,中国体育的休闲娱乐价值逐步被重视和开发,随着社会亚健康状况的恶化,体育的健康功能被进一步强调。

从文化模式看,中西方不同的文化背景造成不同的体育价值取向。中国传统体育的价值取向是人格化、养生化、伦理化、单一化;西方体育的价值取向是人体化、健身化、竞技化、多元化。中国体育文化的价值取向受长期文化环境的影响,中国体育文化价值取向实际上在前轴心时代的文化典籍中已经出现,并持续影响着中国人的体育价值观。

2. 价值体系与体育价值体系

(1)价值体系。价值体系包括价值目标、价值规范、价值信念、价值追求、价值取向和价值标准等。在价值体系中获得核心位置至少要满足三个条件:稳定、隐蔽和深刻。只有稳定的价值观才能保持价值体系的稳定,只有隐蔽价值的价值观才能有效避免外来观念的冲击，只有深刻的价值观才能为其外围的价值观念提供标准和尺度。价值体系中的两个核心价值观念是劳动观念和地位观念，两个核心价值观念之间需要保持必要的张力，使它们之间维持一种相对的平衡，以平等、自由的地位观念制约劳动观念，以创造、进取的劳动观念推动地位观念。由于对价值的认定有个人判断标准，因此每个人的价值体系并不尽相同。同时，个体价值体系的形成也受到社会因素的影响，受社会价值体系的制约。简言之，个体价值体系构成一定时期的社会价值体系，社会价值体系是在个体价值体系基础上形成的，它一经形成就会反过来对个体价值体系起整合、规范的作用。

价值体系具有相对稳定性，但同时也会随着社会发展而发生或显著或细微的变化。这是由于构成价值体系的核心要素——价值主体是历史和现实的统一。作为社会发展主体的人，继承了历史遗留下来的物质和精神产物，受到传统价值观念的重要影响，而这些又不可能一成不变地被保留下来，必然在现实生活中发生变异。现实生活的变动性使社会发展主体的价值观念也随着客体变化而变化，同时客观社会作为一种外在环境也在不断改变着处于其中的人，使其观念和意识受到现实的制约。

（2）体育价值体系。价值体系是在一定社会生产方式的制约下由价值观念所构成的体系。体育价值体系是在一定社会发展阶段由各种不同的体育价值观念构成的体系。政府主导、社会参与和个人需要对体育都有价值判断和价值取向，构成了一个多元的体育价值体系。

对于体育价值体系可以从两个方面来进行说明：①体育价值体系是由各种不同体育价值构成的体系，如体育的物质价值和精神价值、核心价值和衍生价值、规范价值与应用价值、显性价值和隐性价值等；②体育价值体系是各种体育价值要素的综合，包括价值关系、价值意识、价值观念、评价标准、评价活动和价值实践等。

另外，价值体系中包含了由价值关系、价值意识、价值观念、评价标准和评价活动等构成的价值要素。这些要素之间发生着运动变化。价值运动促进价值观念变化，观念规定着人们的价值评价，评价制约着人们的价值选择，选择制约着人们的价值创造和价值实现，影响着价值运动过程、方向和特点。这样各要素之间就构成一个循环往复的结构。价值体系是各种价值构成的，各价值之间的层次和排列不同，决定各价值层次和位置的是价值主体——人的价值观念。

体育价值要素、体育价值和体育价值体系之间存在一定关系：体育要素的运动变化影响人们的体育价值观念，体育价值观念决定了不同体育价值的位置、层次和顺序，构成不同的体育价值体系。体育价值体系是动态的，不仅表现为它随着社会发展状况的不同而发生变化，而且表现为民族性、个体性。每个民族和个人，其价值观念不同，会影响他们对体育价值的排列顺序，从而表现出不同的体育价值体系。在当代中国，体育价值主体在发生变化，这种变化不是模糊地"由单一性向双向性嬗变"，而是由群体性向个体性转变，凸显个人价值需求；价值取向的变化表现为由主要为国争光转变为更多健康追求；体育价值目标上由生物体育观转向身心和谐的三维体育观。

当然，体育价值体系出现以上变化并不是其中一个消灭了另外一个，而是其在价值体系中的位次、层级发生了变化。如在新时期，体育的价值取向不是不要为国争光，而是相对这个目标而言，拥有健康的身心可能更重要。这是由于时代发展到今天，国家的荣誉和地位不仅仅是运动员在运动场上争金夺银来获得，也是政治、经济、军事、文化等综合实力的体现。当人们逐渐认识到这一点时，就会调整体育价值体系，将健康、教育和娱乐放在体育价值体系中更加重要的位置，而将政治、经济等放在体育价值体系中相对次要的位置。

在每个社会价值体系中，均有一个具统治力量的主导性价值观，它会引导非主导的体育价值观的发展。而非主导体育价值观在接受主导价值观的同时，也会想方设法表达自己的观点和意见，从而影响主导价值观。体育领域亦是如此。

1）体育价值体系的构成。价值体系是各种不同价值观念按照一定次序构成的有机系统。社会生活有不同领域，每个领域由各自不同的价值观来进行解释和说明，不同层次、不同领域价值观相互支持和呼应，保持价值体系的内在统一性和稳定性。一般来说，某一领域的价值观念负责说明和解释本领域中出现的问题和价值，如政治价值观解释政治领域的问题而不是经济领域的问题。这种相对独立性在保持价值领域稳定的同时，也可能带来某些价值领域在社会剧烈变革时的保守和滞后性，阻碍价值体系的变迁，还可能带来不同价值发展状态之间各领域的隔阂与对立。如在经济领域已经进入市场经济，形成和接受了市场经济价值观念之时，如果体育领域仍停留在计划经济的思维模式中，沿用计划经济的价值观，就会引发价值体系内部的矛盾和冲突，甚至危害整个价值体系的稳定。

体育价值体系构成，从纵向考察体育价值体系发展，可以将其划分为历史价值阶段、现实价值阶段和未来价值阶段；从横向上考察体育价值体系，可以将其划分为政治价值、军事价值、经济价值、教育价值、艺术价值和道德价值等；从层次上看，体育价值体系包括自然价值层、社会价值层和精神价值层；从体育功能角度考察体育价值体系，认为体育价值体系包括个体价值、群体价值和类价值；从价值实现形式看，体育价值体系包括基础价值和随机价值。

价值的产生是由于客体对主体需要的满足，而体育活动中的主体具有双重性——个体性与社会性，那么，体育价值体系的构成要素就需要从人的全面发展和经济社会的协调发展两个角度来考察。从作为个体的人的角度看，体育价值主要表现为强身健体、休闲娱乐和人文教化等，而从作为人群构成的社会的角度看，体育价值则主要表现为树立和优化国家形象、增强民族凝聚力、促进城市发展和社会主义新农村建设以及推动国民经济发展等方面。即当代中国体育的价值体系主要包括健身价值、休闲价值、教化价值（此三者为个体层面）、精神价值、城乡发展价值和经济价值（此三者为社会层面）等六大要素。

一般在讲到体育价值体系时，人们会将各种不同要素或价值按其重要程度排列成环状或塔状结构，环的中央或塔的最顶层的价值最重要、最稳定，对其他价值起指导和统率的作用，我们称之为核心价值或基本价值，而周围或下面的价值则相对不那么稳定，容易受到社会生活中各种事件的冲击而脱落，我们称之为外围价值或基础价值。由于综合国力竞争意识的无限膨胀、集体荣誉感的强烈需求和冠军梦的巨大经济诱惑，我国体育的核心价值观曾经出现一定的问题：从公平竞争变为盲目的竞争。在体育核心价值观的重建中，应重新回归体育的本质和游戏规则中，实现公平竞争。

体育价值体系中的核心价值，是由一组价值观念组成的价值系统。它包括五个方面的内容：以人为本，促进人的身心健康；以身体运动为乐，从锻炼的过程和身心的变化中体验体育的快乐；以法为基，维护体育的公平和正义；以公为善，不断满足人民群众强身健体的需要；以和为贵，建立人与人、人与社会、人与自然的新型关系。这五个方面的内容，从具体可见的外在身心价值到抽象的体育信仰，其重要和稳定程度逐层递增。

2）体育价值体系的类别。在现有体育价值体系研究中，不同标准形成不同体系。从横向结构将体育价值体系分为教育价值、休闲价值、竞争价值、经济价值等，并未体现出不同价值之间层级和秩序的不同；将体育价值体系分为个体价值、社会（群体）价值和类价值，虽然显出个体和社会的不同，但以现代人看来，在实际生活中，个体价值和社会价值孰轻孰重需要从具体情况出发，多数情况下需要并重或均衡，所以其层级并不明显；将体育价值体系分为生物价值、社会价值和精神价值有其合理性，很难说明生物价值就一定比社会价值低或更靠近价值体系的中央；将价值体系分为基础价值与随机价值具有更大的合理性，因为它强调了部分价值的稳定性，其处于相对核心的地位，而那些随机价值则散布在基础价值的四周。

体育价值体系又有核心价值和外围价值之分，前者具有明显的相对稳定性，无论是精神价值层面的"进取（竞争）"，还是社会价值层面的"和谐（秩序）"，抑或是自然价值层面或生物层面的"健康"都是体育核心价值的集中表现，与之不同的是，外围价值更加凸显相对松散性。通常来讲，若想使价值体系尽可能稳定，需要保障核心价值的吸引力和说服力，这是因为，社会生活中遇到的各种困难、疑惑和矛盾可以通过核心价值得到更好的解释和说明，而对外界困难的克服也有赖于精神信仰的力量发挥。因此，以构建体育核心价值（体系）为前提来促进体育价值体系的构建，应当得到特别的重视。

"公平竞争"既是体育核心价值体系的构建基础，也发挥着规范体育发展的作用，而体育核心价值体系的精髓——"中华体育精神"则是当代人在自觉遵守和传承民族文化的过程中所必须坚持的价值取向。在构建体育核心价值体系的过程中，应当恪守"以人为本"的基本理念和指导思想，促进实现人"身心的全面、和谐发展"的体育发展最终目标和理想状态。

对稀缺资源的争夺主要是通过竞争这一日常生活中普遍存在的行为现象来实现的。不同于其他领域的竞争，体育中的竞争更加强调公平性，主要取决于体育的公开性。在体育竞赛中，所谓的公平竞争指的是条件相等情况下的竞争，任何身体外的不平等都不允许在体育竞赛中出现。尽管，从实践层面来讲，体育运动的确存在不同程度的问题，但其追求的最终目标和基本准则始终围绕公平展开。也正因此，在多数人看来，体育是绝对公平的存在。在公平竞争中，体育领域应当做什么（竞争、获胜）和达到目标应当采取的举措（公平竞争）都得到了明确规定，使得参与者拥有了更加清晰的价值规范和行为准则来约束自身的体育行为。

中国体育核心价值体系经过文化自觉，其精髓集中表现为中华体育精神，此种精神同样是中国体育得以存在和健康发展所依赖的基本价值取向。体育精神是人们在体育活动中形成的意识、思维和一般心理状态，其主要价值标准表现为健康快乐、挑战征服、公平竞争、团结协作。具体来讲，中华体育精神主要包括六个维度的内涵——顽强拼搏、团结友爱、遵纪守法、科学求实、无私奉献、为国争光。在中华体育精神的内涵中，"仁者爱人"的传统观念始终存在，此外还对个体生命的具体性进行了特别强调，认为具体性必须是具体的感知，要舍弃一切抽象思考。若想使体育对天地万物协调一致的人文精神形成深刻的理解，实现体育与中华民族"天人合一"理想的无限趋近，就需要确保体育实现由自我关怀到联系他人的过渡，情感实现由家庭、学校、社团向社会、国家和世界的进一步扩展。此外，在遵循"以人为本"理念的基础之上，中华体育精神也在一定程度上贯彻了"和而不同"的民族个性。

体育的最终发展目标在于实现个人身心的全面、和谐发展，这同样是体育核心价值体系主题的集中体现。人是体育的主体，体育活动的客体则表现为参与运动的身体，得益于体育运动的开展，强健的体魄得以塑造，乐观、开放、拼搏进取的性格和精神得以养成，同时也在很大程度上促进了和谐向上的人际关系的建立和人全面发展目标的实现。

体育核心价值体系的灵魂和精髓，以及体育的指导思想都是人本主义思想。体育活动的持续性开展，意味着人类的极限和新的纪录会被持续性刷新，同时也会回报以各种功利性的物质条件，但这并不是体育根本的体现，相反地，成绩刷新和体质增强等也不过是作为为人服务的工具存在，只要有"人"的存在，体育才拥有了存在的基础和保障。更进一步来讲，"人"的需要应当是任何体育工作的中心，而一切体育工作都应当体现人的价值和追求。

体育是以活动身体为形式的活动，其根本功能在于：在肢体的位移作用下，人体的骨骼肌肉能够获得发展、人体的健康水平能够得到显著提升。作者所探讨的主要对象就是体育核心价值体系中生物价值的代表——"健康"。人是一种社会生物，人与人之间在日常生活与工作中的交往，除了合作关系，还有竞争关系，但无论是哪一种关系，都要受到特定秩序的约束，人参与体育活动也要遵循体育运动的相关规则，即对规则、对手予以尊重，以此来保障社会秩序的良好稳定，进而以和谐的状态存在和发展，所以，社会层面的体育核心价值的突出标识就在于"和谐（秩序）"。在认定体育核心价值体系中的精神价值时，人们会对比不同的文化类型，以期能够总结出不同文化类型的共通性，基于西方文化传统发展而来的现代体育，其体育核心价值观的精神价值最明显的体现就在于"竞争"，与之不同的是，崇尚"仁""和"思想的儒家文化对东方体育文化发挥着重要的导向作用，在推崇改革与创新，强调个性与自我的社会发展新时期，"天行健，君子以自强不息"式的进取精神始终存在，而蕴含于外表温文敦厚的东方传统文化中的"进取和竞争"精神的重要价值也得到进一步凸显，所以，在判定体育核心价值体系中精神价值的关键词时，人们会选择"进取（竞争）"。

主体不同，就会有不同的个性和现实需要，也就会在体育核心价值的体现上有所区别。其中，逐次递增的排列方式（如健康、娱乐、自尊与尊重、自我实现等）是个体性主体体育核心价值的主要表现特征。而与之不同的社会性主体，则更加侧重进取（竞争）、公平、人本、和谐（秩序）四个维度的表现，其中进取（竞争）处于最基本的地位，是正面积极社会风尚的集中表现，在此基础之上，就需要为竞争或进取精神的保持提供公平正义的氛围。特别要注意的是，在完成以上工作之前，首先要对人的主体地位予以强调，也就是所谓的人本主义，从一定意义上来讲，一种"和谐"或"秩序"状态的达成与对人本主义的坚持和落实关系密切。

3）体育价值体系的现实意义。重构我国体育价值体系具有以下现实意义：

首先，指导解决体育发展中的许多现实问题。由于人文关怀的缺失和传统文化的变异，当前的体育价值观出现了各种问题，针对体育发展中出现价值观错乱和缺失，构建适合中国当前社会实际的体育价值观，特别是强调体育核心价值观与核心价值体系的构建，有利于纠正体育发展过程中的错误方向和错位行为，使体育发展重新回归健康之路。

其次，探索体育理论研究的相关领域。当前的体育理论特别是体育价值理论研究相对薄弱，虽然近来不少学者也对体育价值、体育价值观、体育价值体系、体育核心价值体系等问题进行了很有见地的研究，但仍存在不少问题。虽然这些问题的解决难度很大，但值得我们不断深入地去探讨，因为只有在理论上弄清并明确体育核心价值观与核心价值体系，才能明确国家的体育前进的方向，才能保证体育文化软实力得到真正提升。

最后，有利于提升体育文化的凝聚力。共同或近似的价值观是形成凝聚力的重要基础，在社会转型的今天，由于多种价值观念的存在，不同价值体系的作用，使得体育领域中难以形成共同认识和判断，自然无法形成凝聚力。在构建新时期体育价值体系时，应客观分析西方现代体育出现的各种问题，重新审视中国传统文化的价值和意义，将真正体现传统文化精髓的中华体育精神作为体育核心价值体系的价值取向。这有利于唤起民族自尊心和自豪感，形成文化认同，增强中华民族、中国体育文化的凝聚力。

4）落实体育价值体系。实践是检验和落实体育核心价值体系的关键和唯一渠道，只有将一种价值体系与社会生活有机融合，使人们在社会实践的过程中对这种价值体系形成客观的感知和体会，才能确保该核心价值体系作用的真正发挥。倘若没有生活和实践的检验和落实过程，价值体系就会失去坚实的基础，作用发挥更加无从谈起。需要注意的是，体育价值体系的践行过程中应当始终遵循特定的原则，并以科学有效的运行机制和恰当实现路径的选择来指导和实践。

第一，落实体育价值体系的原则。只有通过实践，才能纠正体育实践过程中出现的价值偏差，同时检验体育价值体系本身的科学性。在实践体育价值体系的过程中应坚持如下原则：

以人为本原则：满足人的现实需要、享受和发展需要是发展体育的最终目的。在重构和落实体育价值体系的过程中，必须坚定"以人为本"的发展理念和服务于人的需要，以及促进人的全面发展的最终目标，在谋发展、促发展的过程中始终围绕人民群众的根本利益，使人们不断增长的物质文化需要得到最大限度的满足，使人民群众的经济、政治和文化权益得到切实保障，使全体人民都能享受到发展的成果。从本质上来讲，体育价值就是主体（即人）和客体相互联系的过程中需要得到满足的集中体现，而主体的感受和期许就是体育价值体系的构建基础，同时，满足主体的需要和体现主体的自我价值也应当成为践行体育价值体系的坚实基础。

理论联系实际原则：相较于某些工艺品和摆设物的供人欣赏功能，体育价值体系也好，体育核心价值体系也罢，最重要的功能体现于为实践提供方向和工具指导。为此，发展体育的过程，是对体育价值和功能的科学认定，必定需要建立在坚持体育核心价值的基础之上，同时参照体育发展特殊性和阶段性的方向。除了开展体育科学实践，还应重视对体育价值体系的规范和优化。

结合价值体系开放性与稳定性的原则：考虑到体育实践的特殊性，践行体育价值体系需要注意灵活性，以及对体育价值体系外围价值的适时调整。比如，对体育政治价值色彩的适度淡化、对体育经济价值的适当强调就应当成为建设社会主义市场经济的核心原则。当然，体育价值体系的开放性需要建立在不危害体育核心价值(体系)的基础之上,如果无法使体育核心价值体系的稳定性得到有效维护,就无法保证体育发展的方向和体育文化的向心力。

有机统一普适性与个性的原则:现代体育是在借鉴西方文化的基础之上发展而来的学科,或多或少会受到西方文化价值观的影响。同时,体育是人类的日常活动内容之一,因而蕴含着人类活动的普适性价值,如进取、合作与竞争。很多学者在看待价值的普适性上也存在诸多不同意见,学者既对文化个性予以强调,同时又对那些潜藏于文化个性中、与历史发展规律相契合的内容积极寻找,以实现文化普遍性的塑造,倘若无法做到这一点,要想在世界体育发展中产生感知力和吸引力也将无从谈起。

个体价值和社会价值统一原则:在体育价值体系中,价值主体具有双重性,既包括个体的人,也包括社会的人。在中国传统文化、传统价值体系中,十分重视人的社会性,强调家庭、国家,认为集体利益高于个人利益,致使个体的价值得不到尊重和满足。在体育实践中,强调国家利益、集体荣誉、团队精神本身是正确的,但同时也压缩了个人需要满足的空间,忽视了人性的塑造和满足。在体育价值体系的实践过程中,应兼顾个体价值和社会价值,强调在尊重个体价值基础上的社会价值实现和不危害社会价值前提下个体价值的彰显。

第二,落实体育价值体系的运行机制。体育价值体系的运行机制,是指体育价值体系实践系统内部各要素之间相互作用、相互制约的联结及其运行方式。在体育价值体系的实践过程中,应建立有效的激励机制,强化落实体育价值体系的动机,增强行为动力;建立有效的制约机制,克服错误体育价值观念的影响,保证体育价值体系落实活动的有序和规范进行;建立有力的保障机制,为落实体育价值体系提供物质和精神援助;同时建立科学合理的评价机制,使体育价值体系能经历时间和实践的考验。

激励机制:在体育价值体系的落实过程中,首先要做的是激励行为主体的实践行动,强化积极的行为动机。体育和文化行政主管部门应通过宣传教育,树立道德模范,强化正面教育,从精神上进行鼓励,也可以设置一些奖励基金、提供晋升机会等,从物质上进行适当奖励。通过思想导向和物质激励这两种方式,诱导和强化积极的实践行为,传递正能量,进行正确的行为导向,落实体育核心价值观。

制约机制:对体育实践过程中出现的错误言行,通过媒体进行批评教育,也可以通过讨论来辨明是非，形成舆论的监督力量，预防和纠正不科学的体育价值观。制约机制可以净化体育行为环境，保证体育价值体系在一个有序和规范的环境中落实。如体育比赛中的仲裁、投诉等监督机构，体育行政部门中的纪律检查部门的设立、学校体育的督察制度等都利于体育价值体系的贯彻落实。

评价机制：评价机制实质上也就是反馈机制，在社会这个大系统的控制过程中，普遍存在着反馈机制，反馈机制作为现代管理方法之一，是一种在各类系统实施控制均行之有效的科学方法。在体育价值体系的实践过程中，通过媒体、舆论等反馈信息，可以对体育价值体系的实践者施加影响，从而对其进一步的行为起到强化或弱化的作用。

在体育价值体系的评价信息反馈中，一定要做到：①正确评价，科学分析。无论是积极还是消极的体育价值行为，都应该在认真、科学分析的基础上做出评价，这种评价才能有说服力，才能产生共鸣，才能有教育意义。②评价和反馈机制要通畅。及时做出反应，解决人们在事实面前的价值冲突，进行正确的行为导向。③广开言路，让民众有畅所欲言的权利和途径。只有广开言路，才能真正发现问题，并彻底解决问题，落实体育价值体系。④采用多种途径和方式搜集信息，可以采取访谈、有奖问答、工作汇报、信箱（邮箱）、座谈等形式，也可以采取浏览网络留言、网上讨论等形式进行。

5）体育价值体系的实现路径。体育价值体系只能在体育实践中构建和实现。其主要途径是体育实践，同时还应辅以宣传教育和体育体制的改革，前者是塑造一种良好的体育价值实现的舆论环境，后者是为体育价值体系的实践打开自由、民主的空间。

第一，宣传教育。在正确积极体育价值观的宣传上，充分发挥互联网、广播、报纸、电视等媒介的作用，并有效分析和批评那些错误的体育价值观。当今社会，大众传媒与社会成员日常生活之间的联系日益密切，在很大程度上影响着青少年。由于青少年正处于价值观形成期，为此需要调动社会、学校和家庭的积极性，充分发挥合力的作用，引导青少年树立正确的价值观和体育价值体系，如对夺冠运动员所付出的汗水与泪水的分析等。

第二，体育实践。体育价值体系的落实有赖于实践作用的发挥，理论正确与否的判断也需要建立在实践的基础之上，只有实现理论与实践的有机融合，才能对理论加以验证和调整。具体来讲，实践又有"内生性"和"外源性"之分，前者是基于人们的现实需要来反映、选择、内化和外化体育价值体系的过程，在体育价值体系，尤其是体育核心价值体系作用下，人们的体育价值追求得到了最大限度的满足，这对于人们精神追求和自我价值的实现同样具有重要意义。同时，行为主体通过参与体育价值体系实践，也能够在一定程度上升华自己的精神、满足个人的心理需求。后者则是基于外部环境的影响，人们调整个人的价值追求和实践过程。从某种意义上来讲，大多数的外在条件（如社会生产力发展水平、生产关系、上层建筑、教育水平等）都会限制人的认知和行为，从而使人呈现出统一化的能动性、受动性状态。此时，基于社会活动的开展，行为主体不可避免地会与外界建立各种关系，并逐渐发展成为各种利益共同体。因此，体育价值体系的实践必定和人们的日常生活、体育活动具体实践以及心理相贴近，只有这样，才能实现对社会思潮的引领，才能使个人受到群体不同程度的影响。

二、体育文化

（一）体育文化的概念界定

在人类社会的发展过程中，人们立足生活和生产的现实需要，在适应和尊重人体身心发展规律的前提下，通过开展身体练习实现体质进一步增强、运动技术水平进一步提高、思想品德教育有效开展、社会文化生活进一步丰富的目标的社会活动。体育是基于人类社会的发展而逐渐形成、发展起来的专门学科，整体来说，体育具有鲜明的组织性、意识性和目的性。从概念的角度来看，体育又可分为广义层面的体育和狭义层面的体育，前者的基本手段表现为身体练习，其目的在于使人的体质得到进一步强化，并带动人的全面发展、社会文化生活的丰富和精神文明的构建，是一种组织性、目的性鲜明的社会活动。广义层面的体育是构成社会总文化的有机部分，同时，社会政治和经济在一定程度上限制着广义体育的发展，但发展也对社会政治和经济的发展发挥着重要的促进作用。而狭义层面的体育则指的是教育过程，其目的在于促进身体的发展、体质的增强、知识与技能的传授，以及道德和意志品质的培养。从本质上来讲，狭义层面的体育集中反映了对人体的培育与塑造过程，作为教育的重要环节，对实现全面发展的人的培养目标具有重要意义。

目前,"体育文化建设逐渐成为教育行业文化建设的重要组成部分"[1],相关概念关系如下:

(1)体育文化与个人全面发展。当今社会倡导全民参与,体育活动属于所有人的平等公平的活动。当今社会体育文化的理念已经深入人心,人民群众意识到体育活动不仅仅是体力活动,更是一种文化含义。加强体育锻炼,是一个人全面发展的体现。

(2)体育文化与社会发展。体育文化是社会文化发展的表现,因此体育与社会发展之间的联系十分密切。推动社会发展一方面是生产力的发展,另一方面是生产制度的完善。体育活动从产生起就伴随着众多规则,规则的存在可以约束人类的行为。在当今世界,体育运动的核心规则是平等公平原则,通过多项体育运动的开展,理念已经深入人心。平等公平也是社会文明发展的重要原则,因此体育文化促进了社会文化的前进。

(3)体育文化与世界交流。"高校体育文化建设是国家体育事业发展的强力根基",[2]在文化领域,体育越来越成为一个国家面向世界展示自身的窗口,成为国家文化软实力竞争的重要因素。

(二)体育文化与地理环境

体育文化自诞生之时就与地理环境之间有着密切的联系。体育文化的产生依赖于地理环境提供的物质条件,体育文化的发展在很大程度上与环境变迁有着重要的关联。

1. 体育文化产生与地理环境

我国古代,人们改造自然的能力十分有限,体育运动所受到的环境影响更为直接。在自然环境的影响下,人们开展体育运动的灵感得到了有效激发,灵感的迸发在很大程度上奠定了开展运动的物质基础。特别是在人类社会早期,当人们对自然的改造能力十分有限的时候,利用自然环境提供的物质条件是体育运动的基础。这时的自然地理环境直接作用于体育运动,在体育文化之上留下自然的烙印。人类也正是在适应自然地理环境的时期,发明了与环境直接相关的多种运动

---

[1] 邓盛宇.新媒体环境下体育文化传播路径探析[J].冰雪体育创新研究,2022(05):50-52.

[2] 韩兵.辽宁省高校体育文化建设现状与对策研究[J].哈尔滨体育学院学报,2019,37(06)71-75.

方式。

人类对生产方式和生活方式的选择是差异化自然地理环境影响的直接结果，而在千差万别的生活方式影响下，体育运动项目如百花绽放。自然地理环境决定的生产方式对体育的产生有较大影响，如我国西北地区以草原为主，孕育出游牧为主的游牧文化，这些民族在生产和生活中依赖马匹，促成了其对马匹的训练和骑马技艺的养成，以马为载体的体育运动大多起源于此，如骑马射箭、马术、赛马等。以农耕文明为主的中原地区只有在农闲时娱乐活动才极为丰富，农闲时也是节日比较集中的时期，表现为节庆体育的特点。

自然地理环境提供了相应的物质条件，奠定了体育运动生存与发展的坚实物质基础。当然，自然地理环境具有客观存在性，人们的主观能动性既需要与客观自然地理条件保持较高的一致性，又需要在自然地理条件作用下存在，同时通过人们所创造的体育运动实现集中反映。

早期人类发明的体育运动依托于自然地理环境更为明显。自然环境与体育运动之间存在内在的联系。如彝族生活在山区，在长期的生活实践中，彝族形成了与山区自然地理环境相适应的火文化，代表项目有摔跤、斗牛、射弩、赛马、挥刀和投掷等。彝族强调身体接触与对抗，动作朴实粗犷、刚劲有力、力度大，崇尚进攻，体现了对大自然的征服。而傣族生活于水边，其民族传统体育项目与水有着密切关系，代表性项目有孔雀舞、象脚鼓舞、堆沙、丢包和放水灯等。动作柔美细腻、节奏丰富、注重传达人物情感，以求休闲与娱乐身心，柔美、传情，倡导人与自然的和谐。

2. 体育文化发展与地理环境

自然地理环境不仅影响着体育的起源，而且在体育发展和演变的过程中也发挥了重要作用。物产、水文在很大程度上受到气候条件的影响，在这种直接影响作用下，人们的生产方式和生活方式也受到气候条件的影响。比如，温暖期是我国唐朝时期的主要气候特征，全国气温始终处于较高水平。其中，唐朝都城长安地处关中，气候温暖多雨，该地区的动植物大多属于温带甚至是热带动植物。特定的历史时期，长安附近还曾出现过现只能在热带广泛分布的动物，比如长安城曾出现过驯象，就是自然气候条件直接影响的结果。对此，历史文献大量记载了长安城内的驯象运动。不过这一运动伴随着关中地区自然环境的变化发生了变化。之后，关中地区气候逐渐变冷，且趋于干旱，加之中国古代的政治中心逐渐向东北移、经济中心向东南移，导致长安的驯象运动逐渐消失。时至今日，已经见不到该项运动了。

今天，环境变化仍然对一些体育运动的发展起着制约作用。环境对体育运动的产生、演变和发展具有十分重要的意义。在一定的历史时期和条件下，环境决定了体育运动。不过，随着人类社会的不断进步和人类改造环境的能力不断加强，这种情况有了很大的变化。

3. 体育文化与环境变迁、适应与保护

体育文化发展既表现出对环境变迁的适应，又表现出对环境的改造。同时，体育文化发展过程中也需要注意对环境的保护。

（1）体育文化与环境变迁。随着科学技术的不断进步，人类逐渐认识并掌握了自然的发展规律，提高了改造自然环境的能力，人地关系逐渐发生了变化。人类逐渐掌握了一些改造自然的技巧，具备了改造自然环境的能力。自然环境的改造主要是指人们通过科学技术的指导，改变自然环境，使其达到适应人类获得某种目的性的行为。

科学技术的进步为我们改造自然创造了更优越的条件，也把原本属于区域性的体育运动推向了世界。工业革命以来，这种进程呈现出逐步加快的趋势。第二次世界大战之后，体育作为一种文化现象在世界范围内不断推进。体育文化的推进特别依赖人类改造自然能力的提高，而人类改造环境、从事体育运动最显著的事例就是体育场馆的建造。

体育馆是近现代体育发展非常重要的推动力量。在自然环境比较恶劣的地区和季节里，体育馆起到了遮风避雨的效果，屏蔽了自然环境对人体的伤害，消除了许多体育运动的地理环境限制，催生了众多体育运动在世界范围内的流行。如排球的兴起就与体育馆有直接关系，其发明者正是利用了体育馆的室内环境才创造出这项娱乐性强、文明、群体性强的运动方式。游泳馆出现以后，人们便一年四季都可以从事这项原本属于夏天的运动。冰壶运动也得益于室内体育馆的兴起和功能改善。体育馆的建设极大地推动了篮球、羽毛球等运动的发展。

世界上大多数的体育运动很难在室外一年四季进行。特别是世界各地气候差异较大，温度变化、湿度变化、风雨雷电等自然现象都不可避免地影响到室外运动的开展。而体育馆的建造可以说创造了一个恒定的运动小环境，配合空调等设备，体育馆创造出了一个适合某一类型体育运动的人工小环境。在这个小环境中，体育运动超越了季节的束缚，一年四季都能够进行。体育馆可以说是体育在改造环境中最为重要的标志之一。因此，体育馆的普及是促进当代体育发展的重要保证。

体育场地的出现也是改造环境的一个例证。大规模的体育场地建设，特别是人工水泥场地、人工沥青场地、人工土场地、人工草地和人工塑胶场地的投入使用，为体育项目发展提供了更好的运动场地环境。与天然场地相比较，这些人工场地更为平整、规范，人工草地和塑胶场地更为柔软，可以很好地保护肌肉、骨骼、关节和软组织，有效地防止运动伤害事故的发生。同时，这些场地更干净、更美观。可以说，人工场地设备更符合运动的要求。

体育对环境的改造还表现在其他人工体育环境的兴起。例如，在澳大利亚的夏天，人造雪地为地处热带地区的人们提供了雪地运动的快乐；极限运动员为了完成更高难度的动作，发明了U型池，模拟城市街区环境；而其他的体育器材设备则起到了提高运动成绩的效果。

（2）体育文化与环境适应。环境适应是指人类主动适应自然环境的变化，改造自己的生产方式、生活方式，进而改进文化的过程。适应环境是人的主动行为，适应是一个过程，适应也有很多反复。人类都有生产、生活的惯性，当环境发生变化时，人类一般会采取尽量保持其原有生活方式的行为。不过，在环境变化较大的情况下，原有的生产方式很难维系下去，其生活方式的基础因环境变化而瓦解，必然导致生活方式的变化，进而影响到体育运动。体育对环境适应是一种必然的选择。适应环境意味着付出较小的代价获得更大的收益。适应环境意味着减少对环境的破坏，意味着充分利用环境提供的物质资源。

（3）体育文化与环境保护。体育对环境的改变是多方面的，主要有体育场馆的建设、体育赛事的举办和体育运动本身等方面。体育发展依赖于体育场馆设备的进步，这是不争的事实。但是，场馆设备在满足人类体育运动的同时，不可避免地会对环境造成破坏，因此，在发展体育文化的同时，应注意对环境的保护。

第二节 体育文化区的划定机制分析

地域性是体育文化的一个显著特征，将一个区域具有共同特征的体育文化聚集，并进行分区是体育文化区研究的主要任务。体育文化区研究不仅是对差异性体育文化进行简单的地理分区，而且还要探索其形成的地理机制和历史发展过程，以及区域文化交流的方式、结果等问题，以此为解释文化的发展基础和历程，促进人类文化的交流，解释今天文化区域的由来、演变及发展，以及为增进人类区域间文化的理解构筑桥梁。划分体育文化区的文化因子就是体育运动项目。运动项目所表现的精神实质的一致性程度，所需要的物质、身体基础等因子都会在一定的区域形成相对共同的特征，将这些具有相似性的因子聚合在地理空间之中，就可以形成对体育文化区的基本认识。

体育文化区的形成是一个复杂的过程，有着特有的形成机制。

一、分异机制：自然环境

自然地理环境是形成体育文化区最基本的条件。一般来说，一个文化区多集中于相同或相似的自然环境中。自然环境对体育文化区的影响表现在以下方面：

（1）不同的自然地理环境条件提供了差异性的物质条件，这是人类和其他生物赖以生存的自然基础。人们根据这些物质产品的性质，组织差异性的生产方式。生产方式的差异直接影响到生活方式，形成色彩斑斓的文化景观。因此，地理环境为体育文化提供了基本的物质基础。

（2）地形条件不同导致交通情况差异显著，特别是在古代，文化交流的方式比较单一，由于多以言传身教为主，因而文化交流必须依赖人员流动。在高山、大河、冰川、沙漠等不利于修建交通路线的地区，人们的流动极为困难，无论是外来文化还是本地文化都很难沟通交流。这种封闭状态进一步加强了区域文化的独立性，也制约了文化区域的交融。即使在交通非常发达的现代社会，人类仍然较难处理地理环境恶劣地区的交通问题，导致这些区域的传统文化得以保持。

（3）自然地理环境并非一成不变。自然条件的变化对区域内物质产品的生长变化有着决定性影响。特别是在科学技术并不发达的历史时期，自然环境改变对生产方式具有决定性意义。人们在适应自然环境的过程中必须不断改变其原有的生活方式，进而影响到体育文化区域的流变。

（4）人类对自然环境的认识和利用走过了相当长的历史阶段，人们利用自然的过程也在不断演化。在这样一个复杂的过程中，人类体育文化逐渐丰富起来。

历史上，在相同的地理环境条件下，人们的生产方式相似，生活方式也有共同之处。特别是在一个相对集中的区域内，这种情况更加突出，其体育文化也基本相近。历史上，文化区域从整体上说存在着农业文明和牧业文明两种基本形态，它们的分界线实际就是一条由气候条件、土地条件等要素共同形成的分界线。这条分界线不但决定了历史时期人类社会不同的生产方式，也产生了差异明显的文明形式。游牧民族产生的马上体育项目比比皆是，而农业区域的体育文化更是丰富多彩。

不过，地理环境对于人类社会体育文化区域的影响正在不断削弱。科学技术的迅猛发展，为人类提供了更多文化交流的方式。自然地理环境对人类交流的阻碍作用正在被打破。今天的人类文化交流已经可以通过各种技术手段超越地理环境的限制，跳出区域的框定，在世界范围内寻找文化同路人。种种迹象表明，随着以传统体育文化为根基的文化区域性的逐渐消失，一个远远大于传统意义的体育文化地理区域概念正处在逐渐形成和发展过程中，并且这种发展正在不断加速。如奥林匹克运动具有普世价值观以及具有浓郁区域色彩的传统体育文化，正在超越文化界限而广泛传播。

二、整合机制：行政区划

行政区划是服务于政府管理的行政边界。一般来说，政府在进行行政区划时要考虑自然地理环境、人文区域等因素。在许多情况下，政区和自然区划相吻合，但在一些情况下，政区与民族生活区域相一致。

从管理层面上讲，处在同一政区内的文化交流更加便捷，接触更加频繁，联系更为密切。管理者出于管理的便利，其组织的文化活动往往受到政区的限制。从百姓生活的角度看，处在一个政区内的百姓更容易组织在一起。当然，行政区划与自然地理环境一样，很多时候也限制了文化区域的形成与发展。行政区划不仅仅是一种管理区域，也是一种区域身份的认同。从历史上看，管理者都试图将百姓纳入不同的政区内进行管辖，这样无疑可以使管理更为方便，更为有效。

在政权稳定的状态下，由于能形成长期稳定的政区，因而也极易形成稳定的文化区。在这样的政区内，人们世代相传，风俗差异不大，体育文化相近。

政区的等级不同，就会存在不同层次的内部密切程度，这也是不同等级文化区形成的主要由来。政区的形成，在很大程度上会整合政区内的文化，促进区域内同质文化的形成。通常，文化在很大程度上受到了高层政区的整合作用。相较于高层政区，县治区域内部文化现象具有明显的一致性和极高的相似性。因此，在极大地影响文化亚区形成的同时，政区也极大地影响着文化中心的形成。同理，在行政区域极强的整合作用下，同一政区内的文化现象呈现出明显的趋同趋势。

政区对文化的影响更多地表现在政区的首脑人物及其文化思想上。文化整合不是简单地对政区内各种文化的捏合，更多地带有一定的改造。政区内往往会倡导一种主流文化，而将其他文化尽可能地向主流文化靠近。当然，这种改造并不能一蹴而就，因为文化的整合速度往往落后于政区的整合速度。统治者可以在很短时间内对行政区划进行重新划定，可是，过去长期处在一个政区内的文化形式存在着千丝万缕的联系，这种联系并不会因为政区的整合瞬间消失，而是会按照自身的轨迹长时间运作下去，保持相对的稳定性。

政区对文化的影响也有阶段性。统治者根据不同的目标划分行政区域，这种区域的划分具有相对稳定性。同时，随着不断变化，也会给一定的政区带来不稳定状态，尤其是在改朝换代之际显得更加突出。

三、促进机制：生产方式

生产方式取决于物质资源，同时，生产方式也有自己的发展轨迹。人类的生产方式和生产条件的改善与人类的科学技术进步直接相关。自古以来，人类就不断寻求提高生产效率的各种方式，既有从生产方式上的努力，也有从技术形态上的跃进。这些进步又都直接制约着人类的思想与文化，同时也被思想文化所制约。这是一种极为复杂的历史进程。在这种历史进程中，文化区域被不断创造和改变着。

不同的生产方式创造出了差异性的文化景观。在一定的生产方式条件下，人们的社会组织、休闲时间等都会产生结构性的稳定性。在这样的稳定结构当中，体育文化才能够找到真正的依托。农业生产劳动形成以农闲时节为高峰的娱乐形式，农忙之后的欢庆也带有众多的娱乐元素。现代工业文明之下，劳动生产率日益提高，生活产品更加丰富，而人们对休闲娱乐的要求越来越高。如节假日不断增加，节假日的娱乐活动不断丰富，以节假日为主要时间段的体育运动自然也就出现了。农业文明时期，区域间有很多文化的交流，区域间的文化独立是其显著特点。工业文明时期的区域文化则显示出了更强的交融。

生产方式对区域体育文化的影响是整体上的，当然，其中也有很大的差异性。这种差异性表现在以下两个方面：

首先，即使在一个生产方式基本一致的区域，人们也存在分工的差异，进而导致其在体育文化方面的差异性。这在中国历史上更是俯拾皆是。体育文化属于人们的精神需求，是在一定物质基础的保障下才能够生长、发展起来的一种文化形式，对物质资料的占有程度决定了体育文化是否能够发展下去。但在区域内也存在着生产方式的差异性，如社会分工仍然限制着人们的体育文化行为，并在一定的区域内产生差异性。

其次，从人类社会整体上来说，生产方式总是在不同的区域之间存在巨大差异。时至今日，我们仍然能够看到世界范围内各种生产方式并存的格局。就是在我们国家，一个省甚至一个城市都存在着不同生产方式并存的现象。这种情况有一部分是由于分工造成的，但更主要的原因则是由非均衡发展造成的。生产方式对生活方式的影响极为深远。不同的经济发展水平会使体育运动风俗产生极大的差异，导致不同体育文化区的形成。

四、传播机制：传播媒介

体育文化的传播介质也是伴随着人类自身的发展不断变化的。历史上，口传心授是最原始、最广泛，也是最有效的传播方式。人们通过语言、文字、形体动作、绘画等形式，将体育文化不断地向外扩散。人类自身、书籍等成为传播的主要媒介。到了现代社会，传播领域发生了根本性变化，人们传播体育文化的手段更加丰富多彩。学校成为体育文化最重要的传播地点，电视、网络等一系列新型的传播工具彻底打破了交通条件对体育文化传播的桎梏，体育文化以更快的速度，在更大范围内被人了解。

一般而言，体育文化区域只是某一时段体育文化现象分布状况的反映，是一个时间性和区域性非常明显的开放系统。作为一个开放的系统，体育文化区域在不断接受本区域内文化中心所施加影响的同时，也受到其他地区文化现象的侵染。历史上，体育文化区在接受异质文化时，主要的制约因素是交通条件。无论是人的移动还是书籍的运输都有赖于交通条件的便利情况。交通发达的地区，其文化交流的速度和程度往往更加深刻，文化传播的速度更加迅速。各种文化在一个区域内不断地交流，往往使得文化区域更加易变，形成混合型的文化区域。在这样的区域内，各种体育文化形式都会找到生存的空间，找到适宜的人群，形成层次较为明显的体育文化差异。这种情况在历史上的都城和贸易城市中最为常见。人类为改变交通条件的努力一直没有中断过，不断有新的交通工具创造出来，原有的交通工具在性能上也出现了极大的改进。这一切使得今天人们的出行更加便利，也为体育文化的传播带来了巨大便利。

除此之外，体育文化的传播媒介伴随着科学技术的发展而愈加丰富。体育文化的传播首先表现为外在的形态传播。历史上主要有口传心授、图画等方法用以传播，语言描述只能是在形态问题解决之后才能发挥作用。这样体育文化的传播媒介限制了区域的形成和发展。现代传播方式的改变，彻底打破了这个界限。即使没有人的移动，体育文化还是能够以更加快捷的方式广泛地传播出去，进而影响体育文化区的演变。

第三节　体育文化的未来发展

一、传统体育文化的现代化发展

当前世界文化面临着如何在现代社会中发展传统文化的课题，体育文化同样如此，促进我国传统体育文化在现代社会的发展需要从以下方面努力：

（一）准确定位传统体育的发展趋向

首先，在现代社会商品经济的大环境中，要树立发展传统体育文化的新观念，充分发挥主体意识，准确把握体育文化的发展新趋势。

其次，一方面要继承、研究、发展好传统体育文化，另一方面还要处理好外来文化对传统体育文化的影响，借鉴、学习其中有益的部分。

再次，要全方位开发传统体育文化，走外向型、多元化的发展道路。

最后，要在世界面前展示民族精神，为世界体育文化的丰富贡献出自己的力量，促进体育文化民族性和国际性的统一。

做好以上工作，把握好传统体育的发展趋势，将有利于促进中国传统体育文化的发展。

（二）顺应体育文化的"世界一体化"发展趋势

首先，中国传统体育文化的发展要充分发挥自身优势，摒弃单向性模式，重视传统体育中的健身性、娱乐性和民俗性等特征。

其次，要从我国的实际国情出发，顺应时代发展方向。

再次，要发挥人才的重要作用，通过培养专门的传统体育人才来推动传统体育文化的发展。

最后，要坚持"趋同、求异、融合、发展"的发展道路，并为传统体育的发展提供坚实、科学的理论指导。

（三）向世界进发，走国际化道路

首先，要提高民族传统体育的发展方向，将民族传统体育放在战略的位置来看待，通过明确目标与规划将民族传统体育推向世界，从而实现进军奥运的最终目标。

其次，弘扬民族传统体育精神并与奥运精神相融合。

再次，从发展民族传统体育入手，逐步实现中国体育的世界梦想。

最后，要充分发挥体育竞赛的杠杆作用，大力推动传统体育文化的普及。

体育的价值是丰富的、多元的，它包含了竞技、娱乐、健康等多个方面。要想将中国传统体育推向世界，必须要做到通过多种渠道充分发挥传统体育的多元化功能。在判断一个国家的体育发展水平时，一方面要看这个国家在奥运会上的成绩与贡献，另一方面还要看这个国家的传统体育文化是否能够继承、发展并弘扬，也就是是否做到体育民族化与国际化的和谐统一。

二、把握时代体育文化精神

要科学把握当前时代体育文化精神，至少应正确认识并处理下列重要问题：

（一）正确认识体育改革的若干文化问题

我国的体育改革过程中，一直都存在不少与文化相关的问题。比如：改革的目标不清晰、不明确，体育价值观方面功利主义倾向较为明显；缺乏系统、科学的理论指导，在改革工作中经验主义倾向较为严重；过于看重短期效益，改革中存在比较突出的机会主义倾向；体育管理方面缺乏经验，技术主义倾向明显。对于以上问题，必须要做到清醒认识、科学解决，只有这样，我国的传统体育事业才能健康发展。可以从以下几个方面着手来解决问题：

首先，树立以人为本的观念和普遍认同的体育价值观。

其次，重视理论指导，尤其是应用性理论的作用。

再次，不能只看眼前，要从长远看待体育改革工作。

最后，一定要重视人的理性与意志。

（二）明确体育文化与社会主义市场经济关系

市场经济发展过程中有很多重要的原则，比如竞争原则、效益原则、守法原则等。竞争原则指的是优胜劣汰，效益原则指的是投入产出，守法原则指的是公平有序。体育文化的发展与市场经济的发展在内在本质规定、表现形态、运行法则等方面存在共性，因此也应遵守上述原则。同时，二者之间也存在着明显的差异性，具体表现为以下几个方面：

1. 资源配置优化方面的差异

市场经济与体育文化二者之间存在着资源配置优化方面的差异。市场经济需要政府参与调控，而体育文化的发展则会受到社会经济发展水平的影响，可见，二者在起点上就存在着明显的差异，也因此导致了发展规模与水平不同。

2. 构成要素的市场化方面的差异

市场经济与体育文化二者之间存在着构成要素市场化方面的差异。市场经济的本质要求整个物质生产领域的生产要素市场化；体育要素的市场化则是局部的、有选择的，通常会开发一些公益或福利性的体育产业及活动。

3. 功能作用方面的差异

市场经济与体育文化二者之间存在着功能作用方面的差异。市场经济主要通过市场运行机制向人们提供物质财富，有利于物质文明的发展；而体育文化还具有文化、教育、娱乐、政治、外交等方面的功能。由此可以看出，市场经济与体育文化之间的差异非常明显，也正是这些差异，为二者之间的共同发展提供了极大的可能性。

目前，我国指定体育文化改革与发展的方案以社会经济总体发展战略为前提，对体育文化发展方案的完善也会充分考虑经济文化全球化的大背景。发展体育文化是我国重要的文化事业，它已经成为我国发展经济、提高人民素质的重要手段之一。

（三）建立中国特色社会主义体育文化

我国体育文化发展的战略目标是要建立中国特色社会主义体育文化。要实现这一伟大目标，必须坚持贯彻社会主义原则，要以马克思主义思想为指导，科学看待各类体育文化并选择其中的精华予以继承与发展，从而创造出更加科学、系统、可持续发展的新型体育文化。要大力弘扬中国体育文化中不断进取、努力开放的精神，摆脱狭隘思想的束缚，改革落后的观念，树立多元化意识，把握好新时代精神，促进中国特色社会主义体育文化的建设与发展。

（四）大力发展体育文化产业

当前，我国体育文化产业的发展在一定程度上得到了文化产业的支撑，国家也将文化产业作为重要的支柱产业，可以说，一个国家的文化是综合国力的重要标志之一。因此，我国始终重视文化产业的发展，并不断通过发展文化产业来调整经济结构，进而提高文化产业发展的可持续性。

20个世纪90年代初期，我国体育文化产业发展开始进入高速时期，发展速度远远高于其他文化产业。这是因为，随着经济的发展与社会的进步，人们对体育文化的需求不断提高，在体育文化方面的消费不断增长。由此可见，体育文化的发展是十分重要且紧迫的任务，完成好这一任务将能够很好地满足大众的需求，提升我国的文化竞争力乃至综合国力。

第二章　现代体育文化的多样性呈现

体育文化是一个综合性、理论性、思辨性非常强的研究课题，包括多种文化形式。本章主要探讨现代体育文化的多样性呈现，内容涉及休闲体育文化及其运动发展、校园体育文化建设与创新、竞技体育文化及人才的培养。

第一节　休闲体育文化及其运动发展

一、休闲体育审美文化

休闲体育参与主体在直接或间接参与的体验过程中展现出休闲体育审美文化特征，即休闲娱乐产生身心健康美、形式美与形体美、运动的刚柔美等。

（一）健康之美

休闲体育的参与者在从事休闲体育活动中获得身心愉悦，休闲娱乐给人们带来了生命的意义，也是休闲体育美的体现。健康美包含着人类对自己生命价值的肯定，是人类走向文明的重要标志，健康美也是休闲体育的重要目的。健康美包括身体健康美、精神健康美。身体健康美是指参与休闲体育活动获得健康的体形与身体机能，精神健康美是指参与休闲体育活动使自己获得开朗的心态、美好的情感、顽强的意志、爱心与合作等。

（二）刚柔之美

中国的审美有"男子阳刚之美，女子阴柔之美"一说。随着休闲体育运动的发展，休闲体育运动的审美就有了"阳刚、阴柔"的审美主张，特别是一些具有挑战人类极限和冒险的休闲体育运动项目更是充分体现了男子的阳刚之气，要求男子具有发达健壮的肌肉。与男子相比，女性的魅力则在阴柔之美，女性的阴柔之美表现在体育舞蹈、健美操等休闲体育运动中的优雅、协调和柔美。当今，有不少女性参与刺激、激烈的休闲体育运动，并在这些运动中表现出刚强与力量，但是，就审美文化而言，女性的美还是以阴柔之美为主旋律。所以，休闲体育运动中的阳刚与阴柔协调的动作，体现出刚与柔、动与静的和谐之美。

（三）社会和谐美

参与休闲体育活动是不带任何功利性的，参与休闲体育的目的就是在满足参与者基本生理需求后的自我价值实现，最终获得精神享受，从而使休闲体育参与者达到身心和谐。参与休闲体育者身心和谐必然会引发个人行为的变化，通过休闲体育人文美与精神美产生的影响必然会驱动具有社会属性的参与者行为发生改变，表现出个人的行为美与心灵美，这样必然会带来人与自然以及人与人之间的和谐之美，因而社会就会变得和谐。

二、休闲体育环境文化

人类的一切活动都与环境有关，休闲体育是人们在自由支配的时间里，通过体育运动方式，以直接或者间接的体验，满足身心需求的一种自觉的社会文化活动。它是体育的一种存在形式，是社会休闲活动的主要方式之一。休闲体育的产生与发展需要有良好的人文环境和自然环境，也就是说，环境因素制约着休闲体育的产生、发展。而休闲体育活动同样也反作用于环境，休闲体育作为人类的一种社会实践活动，是人们在生产、生活中产生的，其文化的根源不仅依赖于自然环境，还必须依赖社会环境。同时，休闲体育活动既能改造人类赖以生存的自然环境，又能改造社会环境。而营造和谐、永续的休闲体育环境氛围，对休闲体育文化建设十分重要。

环境是人们从事生产、生活等的客观基础。从休闲体育的角度看，环境是人们参与的与大自然互相交融、互相作用、互相影响的体育文化活动的载体。这种在休闲时空里的体育文化活动与其他文化形式一样，在其产生、发展过程中始终受到环境的制约、影响。休闲是参与体育活动的时空状态，休闲体育环境文化就是在特定的体育自然环境和体育社会环境时空中，关于人类与休闲体育活动的物质、制度、精神文化的总和。

因此，休闲体育环境文化应包括以地理或行政范围划界的地域休闲体育文化、以社会行为划分的民俗民间休闲体育文化、以文化区分为范围的民族休闲体育文化、以信仰人群为范围的宗教休闲体育文化、以居住地为范围的社区休闲体育文化、以公共空间为范围的广场休闲体育文化、以共同兴趣爱好取向构成的圈子休闲体育文化、以社会基本单元组成的家庭休闲体育文化。其中包含文化构成的器物层面、制度规范、行为方式、价值观念。

三、休闲体育运动及发展

（一）休闲体育运动的特点

休闲体育运动为人们的休闲活动带来了丰富多彩的内容和形式，发挥着积极的影响作用。主要是因为休闲体育运动的形式与人类属性、社会属性之间具有难以分割的紧密联系。人们通过休闲体育运动不仅可以获得个体的体育需求，还可以通过身体运动体验体育项目中的乐趣，愉悦身心。同时，在团体性的休闲体育运动中，加强了人与人、人与自然、人与社会之间的交流，从中获得人类智能对自然界的物质、能量和信息的转化成果，收获积极的情感、心理和精神体验。可见，休闲体育运动是人类文明进步的必然成果，具有独特的娱乐和健身功能，它是人类的本能锻炼冲动和社会改造相结合下的发展产物。从这一角度分析可知，休闲体育运动与动物界的消遣、打闹或者游戏冲动有本质上的差异，它象征着人类的社会文明，其特征主要体现在以下方面：

1. 休闲体育运动目的的多向性

人类参加休闲体育活动是一种社会文明行为，与动物之间的玩耍和打闹的生理性需求有本质上的差异，这是因为人们的参与行为具有显著的目的性，同时，由于人类的个体差异性，又决定了休闲体育运动目的性的多样性和复杂性，由此，人们借助休闲体育的渠道实现某种社会目的。综合目的性可初步总结出三个层次：即生理需要、精神需要和社会需要，在这三个阶层的不同驱使下人们形成了多种多样的目的取向，进而构建出人们参与休闲体育运动的目的系统。

2. 休闲体育运动行为的标准化

休闲体育活动的许多具体方法重点规范了休闲参与者行为的相应规范，即在活动方式、活动时间和参与群体以及它们与各个方面（例如要求）的联系，这就是休闲体育运动存在的潜在约束力。虽然这个要求没有其他社会行为那样严格，但是也在一定程度上对于参与者的休闲行为进行约束，在许多人同时参与休闲体育活动的程度上的限制尤为明显。这种标准化往往在社会文化系统中以传代方式继承和发展，成为参与者的基本遵守行为准则。动物游戏和嬉戏也存在一些规则，但是这种规则并不具有一定的社会规范和文化意义，而是一种行为信号。

3. 休闲体育运动行为的个性化

在社会环境和竞技水平不断深入发展的熏陶下，人们往往在各种行为模式下来体现出主体性，同样，选择不同的休闲体育运动来满足自身的需求。休闲体育的多样性、自由性和娱乐性为人们的个性发展创造了良好的氛围，在开展休闲体育活动的过程中，人们追求自己的个人目标，在新奇的休闲体育参与过程中对项目进行讨论和交流，此时的心理过程是相对独立但又相互依存。在一项休闲体育活动中，在眼花缭乱的消费对象和环境下做出具有个体性的选择，从而建立与客体之间不同于其他群体的独特关系，形成一个独特的文化、社会身份和意义，充分体现出休闲体育活动的个性化特征。

4. 休闲体育运动行为的体验化

休闲体育运动具有较强的体验性，重在人们在参与过程中对活动的体验，体验是指人们在经历活动中对产生的感知进行综合处理的过程，从而将外部物质和行为内化为一种情感、心理和感受的过程。体验比单一的感觉要复杂得多，是对一系列行为过程的解释性意识，是在特定的时间、环境和行为作用下的精神过程。人们在休闲体育运动的参与过程中获得身心两方面的体验。由于现代生活的快节奏和高压力，使得人们更愿意寻求一些可以放松、愉悦身心的活动，而休闲体育是一项比较合适的选择，不仅可以锻炼身体素质，而且可以释放内心的压力，使精神得到解脱。休闲体育运动很少限制技术、规则等因素，因此参与者也可充分展示自己的才能，当人们参与活动时，应重视体育的参与过程，只有享受整个过程才能获得足够丰富的体验。因此，人们的休闲体育行为是针对过程中的体验，而不仅仅是参与的结果。

5.休闲体育运动方式的时尚性

在市场经济和文化全球化发展的背景下,休闲体育运动的参与已然成为一种运动市场潮流。一方面,人们为了凸显所属的社会等级而选择某种休闲体育运动,从而体现与其他等级之间的差异性;另一方面,休闲体育运动也体现出个人的时尚态度和观念。可见,休闲体育运动在社会活动中具有典型的时尚特征,其受众群体差异大、范围广,这是因为休闲体育运动对规则和制度的要求极低,因此格外吸引一些不愿意参与竞技约束的体育爱好者,对文化性压力是一种解脱和突破,充分体现出休闲体育运动的自由时尚特性。

6.休闲体育运动方式的流行性

随着物质生活水平的提升,人类的精神文化生活也得到迄今为止最高的升华,休闲体育的产生和发展也是社会文明发展的必然结果之一,而休闲体育凭借其特点成为人们首选的生命活动,在现代社会条件下,人们不断地挖掘和创造出更多新颖的休闲体育运动项目,加之网络媒体的快速传播作用,许多项目能够很快地蔓延到全球,逐渐成为一个国际性运动项目,而奥运会运动的继续壮大,就是这个流行运动的典型性能。休闲体育的流行主要来自世界上迅速传播的活动项目,随着休闲理念的深入和规模的不断扩大,而悄然风行于世。一种休闲运动项目流行速度极快,成为人们在闲暇时间里极为推崇和热衷的活动,然而,它也与其他流行元素相似,总会有销声匿迹的时候,取而代之的是一种新生运动项目。

7.休闲体育运动方式的多样性

人类文明历史悠久,随着文化和科技的发展,人们凭借自己的智慧和才能创造了许多新生事物,尤其在技术和方法方面则更为擅长,到目前为止,休闲娱乐活动的种类是无法估量的,丰富多彩的休闲体育活动为人们的物质和精神生活带来了多重体验。随着社会科学技术的发展,诸多具有前沿科技元素的休闲体育运动随之兴起,为休闲体育运动的方式提供了更多的思路,使其内容更加丰富和多样化。

(二)休闲体育运动的分类

现代社会发展下的人们拥有更为宽裕的闲暇时间,随着休闲体育理念的深入,休闲体育也受到更多人的关注,现如今休闲体育运动成为一种文明生活的象征。目前,休闲体育运动有多种类型,具体可按以下方面进行分类:

1. 按参加者活动时的身体状态分类

(1)观赏性活动(间接参与)。观赏性活动中的群体属于第三方,属于间接参与者,是指观看各种体育竞赛和休闲运动表演。在竞赛和表演的欣赏过程中,随着运动员的成绩表现出欣赏、兴奋、惊喜、沮丧、愤怒等情绪,使心理压力和情感态度得到完全释放。另外,也可在欣赏过程中学习一些运动知识,欣赏体育的艺术魅力,强化自身的体育精神。

(2)相对安静的活动状态。这类休闲运动主要有棋牌、钓鱼等。这样的活动,参与者体力活动小,主要是放松大脑、灵活锻炼脑力的一类运动,是智慧和心理素质的竞争。棋牌通常是一群人参与群体活动,因此,对理解、合作的培养性较强,钓鱼运动是对经验和心理素质的重点培养。由于此类活动趣味性较强,容易进行,因此备受休闲体育爱好者的喜爱。

(3)运动性活动。根据活动的基本特征,可以分为以下方面:

1)眩晕类。例如,荡秋千、游乐园中的各种器械性活动,有旋转、飞跃、滑动、碰撞等项目,这种运动项目可以给人日常状态下无法实现的身体运动,并给人带来愉悦的运动体验。

2)命中类。例如,台球、保龄球、棒球、高尔夫球和其他项目。命中类运动不仅考验人们的身体素质,也对其智力素质(计算、控制力、判断力)等有较高的要求,即考验人体和思维的综合水平,命中目标时会激起人们的热情,愉悦身心。

3)节奏类。例如,创编性舞蹈、健美操、瑜伽、塑身类项目。这种运动具有强烈的节奏感,且结合身体特点具有很强的锻炼作用,在优美、动感和轻快的音乐伴奏下开展韵律性的休闲活动,娱乐和健身性特点显著。

4)滑行类。例如,滑水、冲浪、滑雪、滑冰、滑板、轮滑等项目。这种活动需要借助脚踏板或脚踏等各种器具,其主要特点是在滑行中锻炼人们的平衡能力、控制能力和力量素质等,此类运动多在户外开展,使人们贴近自然环境,并感受大自然的神奇,是集健身、娱乐、趣味为一体的综合性运动项目。

5)攀登类。如登山、攀岩、攀登瀑布等项目。这种类型的活动存在一定的危险,是一种挑战自我、突破运动极限的自我运动行为,参与者在冒险中磨炼自身的意志，在刺激的体验中感受运动的力量。

6）技能类。技能类运动是指人们在长期的训练基础上，运用特定器械展示高度灵巧和技能的活动。有花样滑板、自行车越障等。

7）比赛类。这是竞赛的规则和游戏重编后，形成了休闲体育游戏。如沙滩排球、三人篮球。

2. 按参与休闲体育运动的目的和动机分类

（1）健身塑形类。休闲体育运动的开展基础就是促进人们体质健康水平的提高，这在实践研究中被研究证实，健身活动是指人们为了提高机体的运作状态，促进身体新陈代谢功能，使形体健康维持在较高的水平。这种健身塑形的活动是人们在闲暇时间参与的一种活动，试图将个人塑造为更为优秀的人才。

（2）娱乐类。人们能够在丰富多彩的运动中获得愉悦感，而休闲体育运动则是在体育锻炼的基础上使身心娱乐的形式称为体育娱乐，构成体育娱乐活动的体系较为庞大，且内容丰富。

（3）竞赛类。竞赛类的休闲体育运动与竞技运动差距较大，这是因为休闲体育中的竞赛性只是一种活动方式，对规则的要求并不苛刻，它强调人们在活动过程中的体验，并不关心活动的结果。也就是说，休闲体育中的竞赛性是为了满足人们在活动过程中的不同需求和目的。

（4）消遣放松类。人们排解压力和放松紧绷身体的最佳方式之一就是休息和娱乐，人们的压力和疲劳不仅来源于工作，其他领域也会带给人们压抑和束缚，城市中的这种生活方式就十分有必要得到消遣和放松。

（5）交际行为类。休闲活动来自脑力或体力劳动，或与他人的亲密接触，这一切都会产生一种"社会互动"。在工作时间人们的交际行为和关系常被限制，而休闲是指人们在闲暇时间的无约束交流，自由和灵活性更高，因此人们的自由意识也会得到充分的发挥，人际交往的过程才会带来愉悦和有效性。

（6）探新求异类。对新鲜事物的好奇是人们的普遍心理倾向。这是人性在进化过程中的长期遗留，年轻时人们永远不会掩饰对新事物的好奇，随着年龄的增长，经验的增加，这种探索的欲望渐渐被隐藏，但需求却不会减退。

（7）寻求刺激类。对于大多数人来说，人们要面对烦琐单调的工作和快节奏的生活压力，这使许多人感到压抑和烦躁，传统的娱乐放松方式根本无法满足人们的需求，因此寻求具有刺激性的运动方式可以给神经、心理带来适当的调整，这也成为多数人比较倾向的运动类别之一。

（三）休闲体育运动的发展

休闲体育是一种身体和精神娱乐、自我发展目的的体育运动，重视亲近自然，身心放松，强调趣味性的一种活动。休闲体育的形式五花八门，内容丰富多彩，休闲体育运动涉及的运动项目相当广泛，包含传统体育项目中的田径、球类，也涵盖了时尚运动项目如攀岩、轮滑、素质拓展等户外运动，也有日常生活中徒步旅行、骑自行车、慢跑等多类项目。休闲体育具有易开展的特点，在技术、设备和设施方面要求不高，可参与的人群也较广泛，强调活动过程中的趣味和自由性，因此，随着生活质量的提升人们对休闲体育的关注和喜爱愈来愈强。

随着科学技术的不断发展，大量的体力劳动被机械化、电气化和自动化技术所替代，加之现代交通工具和信息技术的普及，为人们的休闲时间创造了更多的机遇，闲暇时间大大增加，而社会竞争和环境恶化的压力给人们带来更大的挑战，人们愈加重视对健康绿色生活的追求，重视生活品质和体质水平的提高，可见休闲体育将是未来体育发展的主要趋势之一，在未来的休闲生活中也将占据主导地位，休闲体育的发展显得尤为重要。在21世纪人们的休闲理念产生较大的转变，人们将更多的闲暇时间服务于兴趣爱好等精神世界的需求，而不是单纯地为了工作后的放松满足在个人生活中的兴趣和爱好的核心地位，而较少的休闲作为工作后的娱乐和恢复。

自休闲体育产生以来，它作为一门专门学科在欧洲和美国等发达国家迅猛发展，并在很大程度上改善了人们的现代生活方式和观念，随着休闲体育的普及，也逐渐被我国所重视。中国学者对休闲体育的研究不断深入和成熟，逐渐走向系统化、细致化和实用化，并在全民健身计划的发展中带来积极的影响作用。在中国休闲体育的发展将呈现以下趋势：

1. 由身体锻炼模式到休闲体育运动模式

传统的体育运动项目主要以锻炼身体为主要目的，如体育项目的选择、运动计划的制订和体育训练内容等均是围绕特定的身体健康或医疗康复，强调的是从体育项目中提高身体素质。可见身体锻炼模式的体育运动带有一定的强迫性，甚至由于锻炼态度存在问题而视体育锻炼为一种任务或负担，反而为人们的身体健康带来负面影响。

随着人们对休闲体育内涵和功能的深入了解，休闲体育运动将为人们的休闲生活带来较大的改善，休闲体育运动的宗旨是为人们创造自由愉快的体验，是放松身心、愉悦精神的运动方式，而不是一种锻炼负担和压力。休闲体育运动不仅可以强身健体，还可以满足个体体育兴趣的自由选择需求，调节和改善精神状态，这种体育锻炼理念是对传统体育运动项目的突破和创新。随着现代化体育理念的深入发展，人们的体育参与动机由原来的单一健身过渡到提高体质和修炼精神的双重运动动机，有力地证实了我国由体育锻炼模式逐渐向着休闲运动模式转变。另外，因个人的需求不同，参加休闲体育运动的目的也是各式各样，有些人是为了通过休闲体育的途径来提高人际交往能力，拓宽视野；有的则是通过借助休闲体育通道来释放压力，愉悦身心，调节生活节奏；有的则是休闲体育可以提高自己，实现自我满意的目标。具有完善管理系统的休闲体育运动可以为不同阶层群众提供服务，这也将成为未来大众体育运动的发展趋势之一。

2. 数字媒体是休闲体育运动的助推器

信息技术的发展为休闲体育事业创造了更快、更新和更广的发展可能，随着现代化网络、电视、广播等媒介的发展，使得越来越多的人关注休闲体育的发展，主要归纳为以下三个方面：

（1）快捷的大众媒介可以直播竞技体育比赛中的实况以及新闻报道，促进更多的体坛爱好者参与其中，同时大众媒介拉近了体育者与观众之间的距离，使体育爱好者能够在第一时间观看到精彩的体育比赛，仿佛体育赛场近在眼前，那么，欣赏竞技体育比赛项目也逐渐成为人们的休闲体育方式之一，精彩绝伦的比赛吸引了更多的休闲体育爱好者参与者。

（2）由于休闲体育运动主导的是一种健康的休闲生活方式，被更多的人推崇和喜爱，因此在大众媒介传播中备受关注，其宣传和报道力度也大大加强，这对休闲体育的普及和开展具有较大的推动作用。韩国学者曾对各大网站进行调查发现，其中人们对休闲体育运动的关注力度远远超过了对科技、音乐和教育等领域，名列前三位，可见，大众媒介对于休闲体育运动参与群体基数的形成具有无法想象的促进效果。

（3）信息网络产业无疑是解决信息不平衡这一矛盾的最佳选择，网络信息平台的快速发展，为休闲体育运动的相关企业创造了更多的机遇和挑战，尤其是为经营观赏性体育性质的企业创造了迄今为止最为可贵的机会，为人们提供最便捷、最廉价的体育资讯和信息。为相关体育企业的宣传、经营和管理提供了较大的传播平台和媒介，拓宽了经营规模和空间，反过来说，也给休闲体育运动企业带来了一定程度上的困难。如何在庞大的休闲信息库中捕捉到具有潜在价值的消费者，是占据市场竞争集中力的重点，如何充分吸引更多的休闲体育参与者已成为休闲体育相关工作人员的重要问题之一。

3. 休闲体育运动为全民健身创造发展机会

在政府所颁布的《全民健身计划纲要》指导下，我国的全民健身运动取得了一定的发展成绩。随着人们闲暇时间的增多和经济条件的提高，休闲体育运动为全民健身运动创造了更多的机会，主要体现在以下方面：

（1）多种形式的休闲体育组织。中国政府高度重视全民健身计划的制定，因此在群众体育的政策制定、指导文件和宏观管理方面都做出了较大的努力。从社会文明的发展规律和历史进程分析可知，大众体育组织应重视多元化，另外，休闲体育的运动特点和内涵也决定了休闲体育运动组织的自主性和自由性。可见，随着全民健身理念的不断深入，人们的休闲体育参与意识不断增强，休闲公共体育服务质量不断提高，人们不再为地点、设施和时间所约束，因此自发组织的体育活动越来越多，从而满足个人的不同休闲体育爱好需求，其中由同事、朋友和体育俱乐部作为主要的休闲体育活动持续增加，成为主要的群众体育活动。

（2）休闲体育活动内容丰富多彩。目前，我国体育人群对项目的选择主要有步行、慢跑、羽毛球和篮球、足球，所参与的体育项目多达20个。休闲体育运动的普及和发展为我国全民健身活动创造了丰富的运动内容和空间，不仅可以亲身参与体育运动，还可以欣赏体育竞赛，由单调的个人散步运动形式逐渐延伸到多种运动项目，如球类游戏、徒步旅行、游泳、保龄球、户外拓展、器械健身，甚至电子游戏等形式。

（3）扩大休闲运动参与人群基数。休闲运动的目的主要是提高体质健康水平的同时娱乐身心，即使休闲群体的参与目的、群体阶层、经济基础不同，也会从参加休闲运动中受益。因此，休闲体育运动需要建立在高质量的服务保障和管理保障基础上，从而引起更多体育爱好者的注意力，形成庞大的参与群体。这样的目标需要高质量的服务和管理，同时也吸引更多的人从事休闲体育活动。

4.休闲体育运动研究领域逐步延伸和深入

休闲体育运动为人们的健康生活增添了新的活力，通过参与体育运动或欣赏体育竞赛来收获不同的益处。近年来，我国通过借鉴先进国家的休闲体育研究和理念，并根据自身的实际发展情况，在休闲体育研究领域积累了较为理想的成果。休闲体育的特殊功能决定了其研究价值，休闲体育运动的发展必定对体育领域带来积极的影响，甚至对群众体育、社会体育等词汇带来深远的替代作用，决定了休闲体育运动的研究领域将不断拓宽和延伸，并趋于系统、深入和实用性，休闲体育的参与者和竞赛观众，休闲体育运动的内涵和意义，休闲体育运动的相关政策和规定，休闲体育运动的服务和管理、设施与场地建设、人才培养、休闲体育运动项目设计与开发、市场营销和评价、投入与经济效益、环境保护问题等都将纳为研究范围中，并向着更为专业的方向努力。

随着休闲体育运动的普及和开展，人们逐渐认识到休闲体育运动的益处，乃至对社会文明建设所带来的影响。人们将从精神文明的角度来衡量休闲体育运动的价值，它是提高人们生活质量和精神生活的体现。可见，休闲体育运动研究对于人们健康理念、休闲意识和社会文明建设等方面都产生着积极的影响作用。

5.休闲体育运动与学校体育的结合

休闲体育运动不只是一种娱乐与健身的途径，而且还为学生提供了一个自我学习、自我提高和自我培养的教育过程，对于学生的综合素质能力具有显著的提高效果。其中不仅包含学生的运动技能、动手能力训练，而且对学生的社会人际交往能力、自信心、团结协作能力、竞争精神等具有培养作用。休闲体育运动的德育功能还表现在对教育形式上的改革，通过将教育拓展到生活环境中，借助休闲体育运动的直观、生动和多样性，利于新时期学生的思想道德建设和社会主义荣誉感的培养。另外，休闲体育运动使学生贴近大自然，在自然环境中体验运动的乐趣，改革传统的体育课程教学模式，为学生提供一个轻松、友好和愉快的沟通环境。拉近学生、教师之间的关系，使他们在平等公正的活动中相互鼓励，共同进步，提高学生的社会适应能力。

在未来学校体育的发展中，应注重并加强学生的休闲体育能力培养，坚持"以人为本"和"健康第一"的创新教育理念，拓展多元化的教育路径，有效地促进学生的身心协调发展。

（1）学校休闲体育运动应遵循"以人为本"的原则，即根据学生的兴趣爱好选择适当的运动项目，同时还要结合学生的身体素质条件，因人而异制定适合学生身心发展的休闲体育运动内容，成为启发和引导学生良好体育习惯的载体，为学生的休闲体育提供基础和动力。

（2）根据学生休闲体育能力的培养，改革体育教材，通过收集、整合、筛选、加工和升华与休闲体育运动相关的运动项目，选择实用性、高效性和生活化特征显著的体育活动引入到学校体育教材中，在现代体育课程中融入具有特色的休闲体育运动项目。休闲体育运动项目与现代体育项目的融合丰富了学校体育教育，如围棋、象棋，这类原本只用作休闲和娱乐的活动，通过引入学校课堂，不仅激发了学生的学习积极性，而且增添了课程色彩。休闲体育运动与体育课程的协调融合是新时期体育教育创新理念，符合以人为本的教育理念，满足学生的个体需求。由此可见，体育课堂中将引入更多的具有特色的休闲运动项目，为学校体育注入新鲜活力，休闲体育运动与学校体育的结合是必然的发展趋势之一。

（3）发挥学校在学生体育休闲中的主导作用。传统的学校教育一般不承担校外的教育义务，但是在新的教育改革理念下，学校、社会和家庭应形成三位一体的教育系统，形成良好的教育衔接和融合，因此学校应充分发挥主导作用，这是现代教育和促进社会发展的理性和可行性选择。

由于学校教育具有良好的资源和环境，因此，可充分发挥学校体育场馆、专业师资力量和技术指导等优势，结合学生的家庭和社区运动特点，开展内容丰富的体育竞赛、表演、训练等，为学生的终身体育习惯和健康休闲方式创造良好的教育环境。在社会主义市场经济发展背景下探索公共教育场所的管理体制，充分挖掘校外社会教育机构的公益潜力，发挥其福利和教育价值，如各级业余体育学校，各类业余体育俱乐部，文化馆、青少年教育基地，优化利用这些场所的体育休闲服务教育功能。

6.休闲体育运动与和谐社会阶层结构的结合

社会分层是我国社会发展的客观形势，这也是社会与经济分化的必然选择，如何在社会阶层的分化中选择公平的发展方案是新时期我国社会发展的一个亟待解决的重点问题，同样，社会阶层的分化在休闲体育运动发展中也体现出较大的差距。因此，从我国社会阶层分化的角度出发，应积极采取相应的改善措施，扭转人们对休闲体育运动的消费观念和行为，从而满足我国对休闲体育的发展需求，更能通过休闲体育运动这一载体为全民身体素质带来全新的服务，为实现更加广泛意义上的社会公平、公正做出贡献。

（1）在休闲体育运动发展中，应始终保持公平公正的休闲体育观念，在社会生活中，每个人都是独立的个体，都因个人的职业、地位和身份的不同而有所区别，但都享受一整套公平、公正的权利和义务，都需要有一定的法律制度来约束和规范自身。在休闲体育运动的开展过程中，也应始终秉持参与者平等对待的原则，每个人都享有同等的权利和待遇，当然也包含应尽的义务和职责，需要大家遵守共同的运动规则。因此，在休闲体育运动中可以消解社会角色上存在的阶层差异，充分体现出休闲体育运动的公平公正性。这对于我国建设和谐社会主义具有重要的促进意义，在和谐社会的发展背景下休闲体育运动的这一发展要求更具实践意义。

（2）在休闲运动的发展中，我们容易忽略社会特殊群体对休闲体育的需求，例如老年人、残疾人等团体。因此，在休闲体育运动设施、场所和服务等设计规划中应充分结合这部分群体的需求特点而建设，关注他们的身体和心理需求，通过挖掘和创造新颖的休闲体育运动项目，为特殊群体提供适合的体育活动，充分体现休闲体育运动的公平原则，实现休闲体育促进社会和谐发展的目的。

（3）关注社会各个阶层的休闲体育需求特点，争取建设系统、完善和科学的管理和服务体系，为各个阶层提供相应的体育休闲环境和条件，休闲体育运动的相关企业也应根据阶层的不同需求开发和设计体育商品和服务。

（4）政府应在休闲运动发展中发挥主导作用，切实反映出休闲运动的公益性特质，休闲运动场馆和设施应增加公共投资，完善相关政策法规的实践性和针对性，使学校当局和其他公众休闲体育设施资源由社会各界共享。同时，我们要在税收等经济杠杆中发挥积极作用，促进体育休闲场所的运作，使其具有特定的社会阶级优惠或自由开放。

7. 休闲体育运动与社会主义新农村建设的发展

中国农业经济的快速发展为我国的休闲体育运动发展创造了充足的时间和经济基础，人力劳动逐渐被工业和机械化所替代，这就为人们提供了大量的闲暇时间，使得休闲体育运动贴近人们的生活的可能性大大增加。因此，休闲体育运动的特点和健身价值应积极地引入新农村建设中，引导人们开展健康科学的休闲活动。

休闲体育运动以其丰富的健身内容和形式，如体育健身、表演、游戏等作为载体，有利于新农村集体感和民族凝聚力的形成，这无疑对新农村建设科学风尚和团结奋进的文明文化具有重要的促进意义。因此，在新农村建设中强调与休闲体育运动的协调发展是社会主义新农村的必然发展趋势。

（1）社会主义新农村的建设不仅为人们的物质生活和经济条件提供了机遇，重要的是丰富了人们的精神文化、健康生活方式和文明生活态度，而休闲体育运动的开展在精神和物质方面都具有显著的促进作用。休闲体育活动的开展应结合当地民俗习惯，选择贴近农民、贴近生活、贴近农村文化的具有健身、康复治疗等功能的运动项目，吸引更多的农民主动积极地参与到休闲体育运动中，以最佳的精神面貌投身于社会主义新农村的建设中。

（2）休闲体育运动也是农村精神文明建设的桥梁和载体，新农村建设的内涵本质上涵盖了对农民文明素养、价值观、道德观和民族精神等的培养，丰富的休闲体育运动文化为社会主义文化增添色彩，尤其是具有民族特色的休闲体育文化，不仅以健康积极的方式提高人们体质健康水平，而且对于弘扬民族精神、培养民族凝聚力和荣誉感具有重要的意义，从而彻底摆脱落后的传统观念，形成具有社会主义现代化的新农村建设风尚，适应新农村建设的目标和价值要求。

（3）充分挖掘和发挥民族传统体育的休闲体育运动价值。中国民间体育的发展目的主要以休闲娱乐为主，自古以来，民间体育的休闲娱乐方式主要表现在两个方面：一是其游戏竞技性，二是具有民俗特色的体育运动。在现代化的社会发展背景下，农民对休闲体育娱乐的需求也在逐渐发生变化，因此对传统民间体育文化应秉持取其精华的态度进行整理和继承，一切以服务群众为目的，建立具有中华民族特色的休闲体育文化，这是传承和发展民间体育的文化自觉行为。

第二节　校园体育文化建设与创新

一、校园体育文化建设的主要原则

校园体育文化是"高校文化体系中的组成部分，因此，重视高校体育文化建设,对于推进高校文化建设工作的全面发展具有重要意义。"[①] 在校园体育文化建设过程中,需要遵循一定的原则,保证校园体育文化建设的正确方向。具体来说,应该遵循的基本原则主要有以下方面:

(一)与时俱进原则

时代不同,时代特征和时代烙印也各有不同,其中的不同之处最能够从当地的文化形态方面得到体现。一个时代的文化形态,无论是提及内在含义还是外在的表现都必须与社会的发展步调一致,相互契合。因此,随着社会经济的发展和文化形态的变化,人们对体育的要求也在不断地发生变化。目前,全国掀起了一股全民运动的热潮,此种浪潮也激发了人们对体育文化精神的追捧和期待。所以,在这样的大环境之下,我国的体育文化必须发生改变和创新,改变要与社会同步,与经济发展一致,与文化发展的方向协调,体现与时俱进的特征。

(二)协调性原则

校园体育文化的建设是一项综合性、系统性较强的工程,文化建设会涉及多个方面的内容,如课堂教育与非课堂教育之间的关系、硬件设施和软件设施之间的关系等,在文化建设中需要协调发展上述因素。硬件和软件设施的建设过程中,涉及的内容有场地、师资、体育制度、精神和观念等,这些都需要把硬件和软件两方面的内容协调一致,融入校园文化建设中去。

二、校园体育文化建设的基本要求

在进行校园体育文化建设时,仅仅遵循基本原则是不够的,还要做好相应的基本工作,保证校园体育文化建设的顺利实施。

(一)具备实用性和安全性

在学校的环境之中,无论是体育场地还是体育设施都非常有限。因此在校园体育文化建设的过程中就需要把上述问题考虑其中,尽可能地满足学生的发展需求,学校在保障学生能够进行体育锻炼的同时,还需要在规定的时间内检查和修整体育器材等,从而有效地保障学生参加体育活动的安全性。

[①] 范洪悦,朱春勇,韩彬斌.高校校园体育文化建设优化策略探究[J].产业与科技论坛,2021,20(14):251-252.

（二）保证健康性和娱乐性

校园体育文化建设，一方面是指要加强学生的体能训练，提高学生的身体素质，帮助学生树立"健康第一"的体育观念；另一方面培养学生的体育意识，帮助学生树立正确的世界观、人生观、价值观，借助学校对体育文化的大力宣传，把体育精神渗透在学生的生活中。

为了应对考试，大部分的校园生活都枯燥无味，学生在这种学习环境中，无论是心理还是精神方面都会受到影响，长此下去必定会对学生的身心发展状况产生不良影响。因此，在进行校园体育文化建设时可以举办多种多样的体育活动，丰富学生的学习生活，满足学生的精神文化需求，让学生在温暖健康的环境中快乐成长。

三、校园体育文化建设的模式创新

校园体育文化的创新和发展在很大程度上依赖于体育文化模式的创新和发展。校园体育文化需要按照一定的模式发展，可以从以下几个方面规划和制定校园文化发展模式：

（一）文化主体的需要与社会需要的关系相协调

校园体育文化建设的主体和社会需要所处的环境、表现方式和主体特征等方面存在很大的不同，需要协调二者之间的关系，让二者各司其职，明确彼此在校园文化建设中的地位。

从校园文化的发展来看，校园文化建设主体有自身的优势之处，合适的文化建设主体可以发挥自身的主观能动性，为校园文化建设的长久、稳定、健康发展奠定坚实的基础，从而能够创建健康发展、井然有序的校园文化建设机制。

校园文化主体作为推动校园文化建设的重要组成部分，在校园文化建设方面发挥着不可替代的促进和推动作用，同时也应重视社会需要对校园文化的建设和完善作用。因此，在校园文化建设中需要将建设主体和社会需求结合起来，从根本上提高学生的学习体育精神的自觉性和主动性，为进一步发展体育文化提供条件。

如何在学校内开展校园文化建设活动呢？可以从以下几个方面展开，分别是：了解学生的身心发展特点，教师与学生之间及时地沟通和交流，教师对学生提出的需求要给予更多的关注和支持。此外，还可以把社会需求作为校园文化建设的一部分内容，并把它设置为评价校园文化建设的标准之一，从而创建有序、良好、健康的校园体育文化建设机制。

（二）外部性干预与主体主观能动作用相协调

要有机协调外部性干预与主体主观能动作用两者之间的关系，可以从以下两个方面着手：

1. 保持开放的态度

校园体育文化的建设，需要充分发挥校园文化建设主体的作用，积极有力的校园文化主体能够在某种程度上提高学习者的主动性和自觉性，还可以促进校园文化的发展，如此一来，可以提高校园体育文化建设的工作效率和工作质量。因此，可以在校园文化建设的过程中适时地引入外部干预机制，促使校园文化与外部干预有效地结合，为校园文化注入新的生机与活力，促进校园体育文化建设主体之间的统一，加固文化建设机制，提高文化建设主体的主观能动性。

校园文化的形成要保持积极开放的态度，将外部的文化内容与校园文化结合起来。有时外部干预机制与校园文化难以融合，彼此很难适应，因此将外部干预机制与校园文化结合就需要做到以下两方面：首先是校园文化的学习主体要多多学习科学文化知识，提高学习者的科学文化素养和思想道德修养，从而有效地提高学习者的主动性和自觉性；其次可以将校园文化与社会发展的需求相结合，对于外部文化秉承"取其精华，去其糟粕"的态度去学习，从而可以将校园文化与社会发展有效地结合起来。

2. 发挥市场调节作用

在我国的社会主义发展过程中，始终坚持社会主义市场经济，随着中国特色社会主义道路的确定、贯彻和实行，各高校的人才培养内容也逐渐地把市场经济发挥的作用纳入其中，以市场的需求为导向，针对性地为国家和社会培养更多的人才。

如果在发挥市场经济作用的过程中出现行政的干预，那么会影响市场的调节作用，不利于市场经济的发展，因此政府在发挥自身的行政功能时，需要充分考虑市场机制的调节作用和对人才的需求，尽力为发挥市场的调节作用，培养更多的优秀人才提供条件。

第三节　竞技体育文化及人才的培养

"高校竞技体育是大学体育文化建设的一个不可分割的组成部分。换言之，发展高校竞技体育将有利于促进大学体育文化的建设。"[1]竞技体育作为体育文化的主要部分，不但以其精彩、激烈和惊心动魄打动着人们，更以其广泛的参与性感染和丰富着人们的精神生活。而运动场上的各种竞争更是给人以无限的启迪。

从人类社会孕育体育的那一刻起，体育就被烙上了文化的印记。从文化的角度去审视体育，或者去研究体育中所蕴含的文化，其浩瀚复杂只会混沌我们的思维。从事物的特殊性去审视体育，竞技性最能表现出体育运动的文化属性，也正是因为体育中存在的竞技性，主导了体育的存在，衍生出更多的新的文化内容。正是竞技基因不断注入人的身躯内，才使之繁衍并渗透到每一项运动中。抛开体育所包含的多重文化意义，从竞技文化的角度去审视体育似乎说服力更强。

竞技文化并不是专指一种属性文化，它不仅指在体育竞赛运动中形成的赛场文化，也包含与体育竞赛相关联的一切社会文化。像人们在体育运动中所形成的道德精神文化和物质文化，体育运动的组织管理文化以及与之相关的政治经济文化等，都属于竞技文化的范畴。竞技文化主要集中在体育运动物质精神文化和组织管理文化上。虽然竞技文化存在于所有的体育运动项目之中，但不同的竞技水平、不同体育层次之间的体育形式中，所展现的文化层面以及某一层面文化的程度都有不同。大众体育追求的是娱乐、健身文化，而职业体育是倾向于挑战人类极限的文化。在业余体育与职业体育都追求"排名第一"时，职业体育所面临的竞技强度要远远高于业余体育。

一、大众体育竞技文化

与职业体育的高度专一相比较，大众体育的目标更加多元，人们参与其中也并非一味地去追寻"金牌第一"的价值体现，而是更加趋向于其中的体验。尽管依然存在竞技的品性，然而这一品性受到娱乐性、健身性等挤压，运动项目的竞技性变成了大众参与其中的附属效用。

---

[1] 张敏青，李文平. 高校竞技体育：大学体育文化发展的有效载体 [J]. 浙江体育科学，2019，41（06）：65-68.

（一）大众竞技文化的娱乐特征

体育活动是一种非生产性的人类实践活动。从哲学意义上讲，生产性活动的目的是实现人类与自然环境的和谐，而非生产性活动的目的是构建身体的和谐，而这种和谐就包含了人类参与体育活动的所有目的。

大众体育是一种以社会全体成员为主体，以增强体质、丰富余暇生活、调节社会情感为目的的形式多样的体育活动。娱乐特征最能体现大众体育的竞技文化性，其参与对象及参与目的更加体现出体育最初的本义，人们参与其中也迎合了满足内心生活体验的愿望，而这种生活体验的愿望可以归结为娱乐属性。

相对于体育运动本身而言，大众体育的开展都是以比赛对抗的形式挑战自我、挑战自然开始的，正是这种魅力所在，激发了人们参与其中的愿望；正是竞技对抗的激烈程度，才使得比赛更加精彩、更加有吸引力，才会受到广泛的欢迎。以篮球运动为例，篮球运动形成伊始，就是以两相对抗的形式诞生的，正是其中存在的对抗性和激烈性，才使得比赛规则不断地细化、规范化，也正是篮球自身竞技文化的自我发展，才使得篮球文化风靡全球，愉悦了参与其中或者观看的所有群体。遵循"竞技"这一思路分析大众对体育的认可度，也可以清晰地发现正是因为篮球、足球这样高强度的身体对抗性竞争和较高的观赏性，才使得篮球、足球广受欢迎。

从体育参与者的角度分析，同样以篮球为例，正是由于竞技对抗，人们才乐于在篮球活动中为了一个进球、一个篮板和一个成功的防守，竭尽全力。如果只是让一个人奔跑于篮球场地，即使拥有百分之百的投篮成功率，也只会在一次次的跑动中失去对篮球运动的爱。正因为体育运动蕴含的竞技性，才使得大众集中自身的感官来诠释这种竞技性，而这也是参与其中的快乐源泉所在。总之，正是来自人们唯美追求的动因，现实中才会有未达理想的要求，也才会对自己提出更难、更美的要求，从而达到产生收获成功的兴奋。

（二）大众竞技文化的组织形式

分析大众体育的竞技文化，首先要搞清我国大众体育的性质。大众体育的目的是增强人们的身心健康，丰富大众余暇生活，促进社会物质文明和精神文明建设，大众体育的竞技文化就是在此基础上产生的。

首先，"参与"运动形成的文化。参与体育运动不仅能体验运动，而且在这一过程中也在学习体育知识、掌握运动技能，并从中习得强身健体的有效方法。在这一过程中，有益于健康、娱乐和消遣的各种活动形式，可以充实人们的生活，锻炼、调节和发展身心，形成良好的生活文化。另外，在参与体育运动的过程中，通过与对手的不断比拼，可以培养不甘落后的竞争精神和奋发向上的意志品性，培养勇敢、坚毅、顽强的性格，形成积极向上的精神文化。同样，在比赛中通过遵守规则、尊敬裁判、团结同伴、尊重对手等，形成遵纪守法、文明礼貌的社会道德文化。

其次，运动的组织文化。围绕着竞技属性，体育运动也呈现出其特有的组织文化，体现在物质层、制度层和精神层三个方面。物质层是组织文化的外在表现和载体，是制度层和精神层的物质基础（主要包括一些纪念品、组织名称和组织文化传播网络等）；制度层则约束和规范物质层及精神层的建设（包括一般制度、特殊制度和组织风俗等）；精神层则是物质层和制度层的思想基础，也是组织文化的核心和灵魂（包括组织哲学、组织精神和组织宗旨等）。

大众体育的对象非常宽泛与庞大，这就决定了大众体育的开展形式多种多样。在我国主要有以下方面：

（1）自发互助型。根据自己的兴趣爱好自发形成的小群体。

（2）组织制度型。由管理部门做出行政性规定的活动形式，或是以单位或团体名义组织而形成的活动形式。

（3）竞赛评比型。以小型比赛形式在大众之间开展的多重目的的活动形式。

（4）庆典表演型。以营造氛围为主要目的而组织的体育形式。

（5）教学辅导型。以传授锻炼方法为目的而组织的活动形式。

不同形式的大众体育，其组织文化有所区别，即使是同一大众体育，其组织文化也不尽相同，主要体现在三个层面上：①在物质层面，大众参与其中并与对手不断竞争的动力，集中体现在对竞技体验的追求上，不像职业体育那样更多地偏向于名和利；②在制度层面，由于规则的限制，才会让大众在体育活动中感受到体育竞技的公正公平，从而使体育活动有章可循；③在精神层面，正是为体现社会的精神文化，大众才有了在体育活动中展现自己精神风貌的可能，从而形成大众体育文化，促进大众生活的和谐。

（三）大众体育竞技向业余体育发展

随着我国竞技水平的不断提高和大众生活水平的不断提高，人们越来越崇尚精神生活追求。加之国家对大众体育场地设施建设的不断加强，社会体育指导员制度的导入，我国的大众体育体系逐渐完善。从事体育运动的人越来越多，不管是在参与的人数上，还是参与的时间上都出现了非常好的势头，大众运动水平也逐渐提高，大众竞赛的水平也日益提高。不仅如此，大众体育的组织管理也不断走向系统化、专业化，一些赞助商和媒介的介入使得大众体育在社会中的影响力不断扩大，大众体育竞技开始向业余体育竞技过渡。

二、职业体育竞技文化

职业体育是指以某一运动项目为劳务性生产经营，围绕该项目生产开发而形成相对独立和完整的商业化经营体系，也称为商业体育。从总体上看，职业体育是一种通过以销售入场券、赛事转播权等形式，以销售比赛观赏价值获取利润为目的的商业体育行为。从"职业"的角度理解职业体育，职业体育是指运动员以从事某种体育运动为谋生手段的体育。美国男子篮球职业联赛（简称NBA）、欧洲足球联赛就是职业体育的典型代表。与大众体育和业余体育相比，职业体育也有属于自己的竞技文化。

（一）职业体育的发展进程

职业体育诞生于西方资本主义国家，其形成经历了绅士体育、商业体育和职业体育三大阶段。在绅士体育阶段，体育主要是以业余俱乐部的形式向一些高收入的贵族们开展体育活动，它对参与者在职业、社会收入等方面做了一些限定。在商业体育阶段，组织者通过商业化操作，招募社会的底层人员进行商业比赛，并从中获得商业利润。这一时期，商业属性基本得以体现，不但简单的竞赛规则已经形成，政府也围绕这种形式的体育，确定了基本的法律保护。在19世纪末期，由于社会经济迅速发展，人们生活水平有了较大幅度的提高，一些群众基础好、观赏价值高、竞技性强的运动项目开始走上了职业化发展道路，职业体育阶段初步形成。随着大众观赏水平的提高，社会对体育竞赛的表演性产生了强烈的需求，商业化进一步渗透，开始产生职业运动员与职业体育俱乐部，并最终形成职业体育。

我国的职业体育是从计划经济下的体育制度转化而来的，是我国为了迅速提高国家的运动技术水平，形成"举国体制"，这一体制的特点是从运动员的培养到比赛的组织都由国家全权负责，这一体制伴随着我国的政治发展，经历了三个阶段。

（1）社会化改革阶段（1979-1991年）。这一时期，国家主要通过两个方面促进职业体育的发展：一是鼓励和支持企业赞助专业运动队或体委联合办队，主要代表是全国男子足球20支甲级队伍；二是提倡一些企业采用独立办队的形式，主要代表是山西太原钢铁厂自办的女子手球队。

（2）职业化改革阶段（1992-1994年）。1992年，由于我国确立了社会主义市场经济体制，社会各界都掀起了改革浪潮，由原来企业赞助或企业和体委联办的体育产业纷纷独立注册成为企业法人，并以职业联赛的形式开始发展。

（3）发展阶段（1995年至今）。在这一阶段，职业体育产业从体育部门逐渐走向社会，开始成为国民经济新的增长点，并得到政府和社会的高度重视。

（二）职业体育的基本特征

要全面了解职业体育的特征，必须从职业和体育两个角度予以把握。

从"职业"角度分析职业体育的特点，主要表现在两个方面：①具有生产性。职业体育运动过程实际上就是"商品"的生产过程，而这里所谓的"商品"就是职业运动员通过身体的运动表现出来的竞技比赛。②具有商业性。这种商业性是指组织者通过多种手段将竞技比赛作为商品实现与观众、传媒等之间的商品交换。

从"体育"的角度分析职业体育的特征，需要突出职业体育所具有的高度竞技性，主要表现在三个方面：①激烈的竞争。职业体育不同于其他体育形式，职业体育追求的是社会认可，这种认可在赛场上的体现就是"比赛的优胜"。为了这唯一的目标，运动员之间便在心理和身体上展开了激烈的竞争。②严明的规则。这种规则不仅为运动员提供了一个公平、公正的比赛环境，更是体育通过比赛所要展现出来的一种社会文化价值。③高度的认同。由于职业体育竞赛是在公平的竞赛环境中，通过激烈的竞争所产生的竞赛结果，所以会得到社会的高度认同。

（三）职业体育的系统化表现

职业体育的系统化不仅体现在竞赛的组织管理上，还表现在对职业运动员的训练培养方面。

（1）在竞赛的组织管理方面形成了系统的组织竞赛部门，涉及多个方面：

1）组织委员会。组织委员会是竞赛组织工作的最高领导机构，主要负责审议组委会的参加范围及人员组成，审议各职能机构的设置及负责人名单，审议批准竞赛组织的实施方案，审议竞赛经费以及竞赛过程等重大问题。

2）组委会办公室。组委会办公室的职能是拟定文件、组织会议、监督协调、上传下达、文档管理。

3）竞赛部。竞赛部主要负责制定竞赛方案及实施。

4）新闻宣传部。通过新闻传播扩大竞赛的社会影响。

5）安全保卫部门。安全保卫部门主要负责竞赛的所有安全工作。

此外，还有行政后勤部、大型活动部、外事接待部以及单项竞赛委员会等。运动竞赛的顺利开展，需要各部门有条不紊地工作，其中任何一环出现错误，都将影响比赛的进展。

（2）在竞赛的管理方面，管理者主要体现在三方面的管理上：①对人的管理，对象主要是比赛中的运动员、裁判、观众、记者以及志愿者等群体，虽然管理的针对性有所不同，但总目标是为了比赛的顺利进行；②对财务的管理，主要体现在资金的来源、分配以及支出三个方面；③对物的管理，主要包括对运动场地和运动器材的管理，不仅要管理体育场地的专用器材，还要对体育场地的公共设备有所考虑。不仅体现在比赛中，也体现在比赛前、比赛后。对竞赛中人、财、物的管理也不仅仅局限于一个部门，还需要各部门的相互配合、协调，共同推进。

三、业余体育竞技文化

业余体育是介于大众体育与职业体育之间的体育形式，与大众体育相比，从事于业余体育的人群更加专业；与职业体育相比，业余体育并非以体育为职业，其竞技水平虽然很高，但和职业运动员相比在整体上还有差距。因此，业余体育的目的主要是通过竞赛活动提高技术水平，并借此推动大众体育活动走向高潮。但与职业体育竞赛相比，它更侧重于普及，并将竞赛与锻炼有机结合，以竞赛促进锻炼，它的组织管理程序也基本呈现出大型职业体育竞赛的雏形。

（一）业余体育的管理阵营

我国业余体育主要有学校和社会两大阵营。学校阵营中，参与的对象主要围绕学生展开，如参加中学生运动会或大学生运动会社会阵营中，主要以单项协会为主展开。

在学校阵营中，业余体育是三级管理结构，主体是体育教育部门。教育训练工作主要由国家指导省市，省市指导地方学校，层层指导，环环相扣，无论是管理部门还是管理形式，都是自上而下的单一形式。在社会阵营中，我国职工体育管理主要涉及的社会系统包括国家体育总局、各省市体育局、中华全国体育总会、单项体育协会、行业体育协会，其他部委、工会、共青团，全国妇女联合会以及国家机关和企事业单位、职工体育社会团体。

在社会阵营中，工会、国家机关和企事业单位、职工体育社会团体、体育局、其他部委、中华全国体育总会、单项体育协会、行业体育协会、共青团和全国妇女联合会等管理部门，对各种协会进行管理，并监督各协会做好竞赛的组织与参加工作。同时，国家或各行业协会对各种资源负有管理的责任，提供人、财、物的政策保障。

（二）业余体育的竞赛形式

按照竞赛的规模和性质，业余体育竞赛可以分为国家级体育赛事、省级体育赛事、市级体育赛事、乡镇体育赛事以及公司或者小团体的体育赛事。在业余体育竞赛中，竞赛运动员基本从事过长时间的专业训练，有着一定的专业技术水平，只有这样，运动员才会在业余竞赛中占有一席之地。规模不一的业余体育赛事，根据其举办的目的和意义，其形式也多种多样，主要有以下方面：

（1）由政府部门组织开展的业余体育赛事。主要目的是扩大体育运动项目在国内的影响，促进大众体育运动的发展。

（2）由大型公司、企业举办的商业赛事。这种属性的赛事规模一般在一个或者多个城市举办，主要目的是商家提升品牌形象，扩大商品的影响力。

（3）企业与企业之间所举办的友谊性质的比赛。主要目的是促进员工之间的相互交流，提升企业内部的体育运动氛围。

（4）俱乐部内部或者俱乐部之间所开展的体育竞赛。目的是提升俱乐部的知名度，招收新的成员，并以此活跃学员的练习氛围，提升学员的积极性。

（三）业余体育的研究课题

我国对业余体育的研究方向大都集中于青少年的业余训练，主要包括训练现状的开展、存在的问题以及训练之中的健康状况。与职业体育的科学系统性相比，无论是科研经费的投入还是科研工作者的专业性，业余体育科研都无法与其媲美，这使得我国的业余体育竞赛在整体上跟国外差距很大，主要体现在学校体育竞赛的竞技水平和社会业余体育竞赛参与人群与范围上。如果从社会收益性、普及性和实效性等方面来考虑，业余体育的科研要远远高于职业体育的科学研究。

四、竞技体育人才的培养

（一）竞技体育人才培养的基本原则

第一，培养竞技体育人才的理念要与时俱进。随着社会经济的快速发展，国家和社会对高校体育人才的要求也越来越高，因此各高校需要与时俱进改革和创新培养人才的管理模式，比如根据具体的培养对象制定合理的培养目标，寻找新的培养人才的模式和方法，创新培养人才的教育理念，争取为国家和社会培养出更多的"高文化、高修养、高技能"竞技型体育人才。

第二，规划人才培养模式，坚持人才需求多元化。我国始终坚持社会主义市场经济的发展方式，在培养满足社会和国家发展的体育人才的过程中可以改变和创新培养人才的管理模式，改变原有的单一化人才培养模式，提供更多多样化方法，满足高校和社会发展需求。高校要逐步改变专业型人才培养模式，要为国家和社会培养更多复合型人才。由此可见，为了培养竞技体育的复合型人才就需要社会、国家等多方面联合起来，共同参与。

第三，关注运动员的职业生涯发展规划。在运动员的一生中，除了需要在保留运动员身份期间充分发挥自己的能力外，退役后何去何从也是值得深思的问题。因此，高校也需要把更多精力放在运动员职业生涯规划方面。目前，衡量一个运动员是否优秀，是否满足竞技体育人才培养的要求，是否达到竞技体育的目标，关键在于运动员是否获得了足够多的奖牌，并没有对这个运动员退役后的职业生涯有太多关注，这就导致运动员们在退役之后获得的工作岗位极少，不能够及时找到适合自己的工作岗位，长此以往，会对我国高校竞技体育培养人才这一方面产生负面影响。因此，高校培养竞技型体育人才不仅要关注他们在职时的工作内容，还要为他们长远考虑退役后的工作。高校可以根据学校的具体情况，结合运动员的实际身体素质为其提供相应的服务机制，有效地解决运动员退役后面临的困境。

（二）竞技体育人才培养的实践思路

首先，要以培养全面发展的人才作为教育教学的出发点，正确对待教育在培养人才方面所发挥的作用。在高校培养竞技体育复合型人才这一方面，不应该把学生的成绩作为衡量学生是否优秀的唯一标准，人们应该正确对待学校所发挥的育人功能。在高校中，竞技体育人才的第一身份是学生，因此需要为科学文化知识的学习付出努力，打牢基础。作为一名运动员，为学校争取荣誉是义不容辞的事。由此可见，在高校内部培养全面发展的竞技体育人才，既需要传授科学文化知识，又需要为运动员提供训练场地，增强运动员的身体素质，提高运动员的体育锻炼能力。

其次，调整和设置项目结构，科学合理地布局。据有关数据显示，现在很多高校的校园体育建设大都出现布局不合理、科目内容设置不合适、体育项目以及体育成绩滑坡的现象，很大程度上是受到"三级训练"的人才培养模式的影响。因此，为了改变这种情况，可以从高校内部的体育专业入手，充分发挥高校的教育优势，培养优秀的体育专业学生，同时结合当地的社会发展需求和市场机制，调整和重设传统的体育项目，并对其中的专业性体育科目合理地布局。其实，如果高校有相关的条件，还可以实行"校企结合"联合的方式，在提高学生体育技能和体质能力的基础上，切实关注社会需求，同时，当地政府也可以给予一些政策支持，为社会和国家的发展提供更多更优秀的人才。

最后，建立健全资源竞技体育的人才管理体系，发挥系统效能。在高校内部建立健全竞技体育人才管理体系，实行多元化培养人才的模式。首先，多元化人才培养模式中涉及的因素较多，需要将各层各级的内容有效地联系起来，学校根据人才培养的规定和要求站在宏观的角度对内容加以利用，与此同时对学生进行专业化的教育和管理，充分利用校内校外各种资源，以期在最大程度上发挥管理体系和系统的效能的作用。其次，建立并完善各高校、社区和俱乐部等社会机构的管理体系，利用好各自的资源，同时各部门分工明确，尽力为国家和社会培养更多的人才。

第三章　现代体育文化的传播及优化策略

体育文化传播能让社会大众认识体育、接受体育，开展体育活动，锻炼身体，培养积极的体育精神，增加人们对于体育文化运动的认同感和自豪感。本章围绕体育文化传播的意义与载体、体育文化的空间传播与区域整合、体育文化传播的优化策略展开论述。

第一节　体育文化传播的意义与载体

一、体育文化传播的意义

（一）培育体育思维，强化健康观念

科学技术的出现、智能手机的普及在很大程度上方便了人们的生活、工作以及学习。借助于科学技术以及手机，人们可以快速及时地获得相关信息。在此种情况下，可以借助信息传播去宣传体育文化。体育文化的宣传过程中应该加入更多、更详细的信息，借助宣传，大众才能全面地了解科学的体育信息。举例来说，可以向人们普及在长久的躺卧或者长久的静坐之后不应该马上开展剧烈运动。这样的普及会让人们意识到体育体现在自己生活的方方面面，体育和自己的生活有极大的关联。在了解到上述信息之后，社会大众会更加关注自身的生活方式是否

健康、是否科学，也会及时改正原来生活方式中不健康、不科学的部分。通过体育信息宣传、文化宣传，公民整体体育素养将会得到有效提升，公民身体也会更加健康。

（二）提升健康体质，增强综合素质

现在无论是国家还是社会的普通公众都越来越关注学生综合素质的提升，并且教育改革当中明确了要提升当下学生的综合素质水平，帮助学生健康成长。此种情况下，教育改革致力于创造出综合素质培养体系。大学在进行教育改革、教育创新的时候关注到大学体育文化传播的积极作用。体育文化传播是大学教育改革可以使用的、具有科学性以及实践性的教学模式。体育文化传播可以提升大学生的思维能力，可以让大学生掌握更多的生活常识，引导大学生关注自身安全。在大学阶段，大学生处于独立的生活状态，需要自己面临全新的环境。在陌生的环境当中，大学生可能会觉得不安全，觉得生活不稳定，在这样的情况下，体育文化的传播可以引导学生加强自我管理，增强安全意识。

（三）提升团队意识，塑造集体观念

体育文化涉及集体文化、团队文化。借助体育文化的传播，个体可以更好地了解团队合作的重要性，个体也会在大脑当中建立起团队意识。例如，可以利用新媒体向个体传播与团体运动、团体合作有关的体育活动、体育项目。如篮球运动、排球运动，体育文化的普及能够有效培养个体的集体意识。

二、体育文化传播的载体

本质上讲，工具是人类身体的延伸，帮助人类完成超越自身能力的任务，以微博、微信、微电影为典型代表的"微时代"正是这一工具的划时代变革，它们极大地提高了信息传播效率，节约了成本，提高了人们的主观能动性。

（一）微博

微博可以为用户提供信息发布服务、信息获取服务、资讯互动服务，微博形式的媒体最早出现在 2006 年，当时它在美国被人们叫作推特，新浪在 2009 年将推特引入到中国，一经引入，就受到了人们的热烈欢迎。微博和普通的博客不同，它限制具体的字数。最开始，微博建立的目的是让用户使用手机查阅相关信息，

在社会快速发展的情况下，微博的发展也结合了社会需要，开始为用户提供越来越简单的信息。从用户的角度来看，他们花费更少的时间获取到更多的信息，加速获取信息的效率。微博上与体育有关的用户有很多，除了一些知名的央视网站、新浪网站、腾讯网站之外，还有一些体育知名人士，他们也获得了很多粉丝的关注，他们发布的信息也在较大范围内产生了影响。

（二）微信

微信属于即时通信手机软件，微信是腾讯推出 QQ 之后推出的、用于通信的软件，它于 2011 年问世，并且快速扩张。到 2013 年时，它的用户数量已经超过五个亿，人们把它的发展看成是软件界的神话。最开始微信上市的时候，人们觉得微信和 QQ 之间有过于相似的定位，但是，目前人们已经没有了这样的质疑。质疑之所以消失是因为微信更加符合用户的使用心理。体育文化传播时也可以借助微信功能的便利，使用微信的朋友圈功能、公众号功能以及微视频功能等加速传播。

（三）微电影

微电影也经常被叫作微视频，微电影也需要依赖于网络平台大范围传播。和传统电影不同的地方在于微电影时间更短，而且微电影拍摄的题材更为广泛，市场当中最先出现的与微电影有关的网站是 YouTube，它出现之后受到了人们的广泛欢迎，世界上的其他国家开始模仿这一网站形式。我国的优酷、土豆视频都是非常经典的微视频网站。微视频网站当中专门设计了与体育有关的板块，比如说足球板块、篮球板块，等等，提供的内容非常丰富，社会公众可以借助微视频网站来获取相关的体育信息。

第二节　体育文化的空间传播与区域整合

一、体育文化的空间传播

分析一个体育文化的起源地可以发现，该文化在起源地区依旧有较大的影响力,甚至成为起源地区的文化传统。体育文化在向外发展的过程中和更多区域的人充分地交流,实现了体育文化的扩散,体育文化可以向更大的空间范围内传播。

体育文化空间传播涉及的传播类型比较多,经常出现的两种类型是膨胀型传播以及迁移型传播。

(一)膨胀型传播

此种传播类型也经常被叫作扩展型传播。具体来讲,指的是文化在发源地地区或者其他的核心地区以极快的速度向其他空间传播的过程。对膨胀型传播进行具体分析,可以发现它还可以被划分成三个更详细的类型:

1.等级型传播

等级型传播指的是体育文化的空间传播出现了等级现象。具体来讲,就是体育文化可能只在固定区域内传播或者只在固定人群中传播。之所以会出现等级型传播现象是因为体育运动自身的运动技术、运动规则、从事体育运动的群体经济基础、区域经济情况、区域地理环境等因素的作用。

地理条件、地理环境在很大程度上影响体育文化的发展,尤其是在过去,地理环境、地理条件会在极大程度上制约一个区域的体育文化发展,体育文化想要快速发展必须有适合的地理环境提供支持。

等级型传播还受到不同运动项目物质要求的限制。每项体育运动对硬件条件的要求不同,在运动中所占据的个人运动空间和物质消耗也有差异。人们选择体育运动往往从个人的经济角度考虑较多,也就是说,必须考虑是否能支付该运动的物质消耗。由于运动对于物质产品的消费和个人占据空间大小有差异性要求,人们选择运动就会产生差异。一般来说,经济基础越雄厚就越需要宽松的运动空间和较大的物质消耗;反之,空间和物质消耗需求量都变小。正是由于经济基础的限制,人们对体育运动选择会出现差异,而且,会根据人群文化需求对运动进行档次划分。

体育传播也存在着在不同阶层的传播。差异性的体育项目总是寻找适合其物质消耗能力的消费者——传播对象。不同收入阶层选择的体育运动项目存在着差异性。总的趋势是收入高者更愿意选取对物质资源要求高的运动项目,反之亦然。这些运动的等级并不是由运动对机体的生物功能要求所决定的,而是由其消耗的物质财富所决定的。各等级之间传播的体育运动项目与其文化需求相适应,并将阶层的文化取向渗透到体育运动之中，形成了独具特色的层级体育文化。例如，高尔夫球礼仪众多，可以从中发现大多数与欧洲贵族的文化礼仪的一致性；击剑运动则表现出更多的骑士文化特征；足球、篮球运动则表现出对大众的亲和性，其礼仪文化简单明了。可以说，不同体育项目文化就是经常从事该项运动的阶层所信仰的文化。因此，当出现阶层跨越时，更容易改变其运动项目选择。

等级型传播还常见于不同年龄阶段。由于机体能力的影响，不同年龄阶段的人群，运动能力有很大差异。不同的体育运动对运动者的身体素质有特殊要求。因此，对不同身体素质有差异性要求的体育运动项目就会在不同年龄阶段的人群中传播。如篮球、足球运动大多数参与者为青少年或壮年人，老人则比较偏好运动量小、强度低、速度慢的运动形式，如太极拳、木兰拳、老年迪斯科等运动项目。当然，有些运动项目技术性较强，运动量和强度比较容易调节，也会在不同人群中传播开来，如乒乓球运动。

体育文化在区域间的传播主要受地理环境和文化传统的影响。不同的体育项目所需的地理环境有一定差异，因而一般具有明显地理环境特征的体育项目会选择适宜的区域进行传播。这在一定程度上是体育项目对成本的妥协。不过也可以通过人工方式创设适应体育运动的条件，但这样的成本付出必然是巨大的。

等级型传播有层次鲜明和地域性的特征。而且就等级本身而言，具有国际性，即在世界范围内找到相同特征的传播对象。虽然有些项目在一定时间和特定区域会失去等级型传播特征，但体育项目自身的成本和文化特征会逐渐将传播对象固定下来。当然，不同阶层在接受体育项目时并非一成不变，往往会随着自身阶层的更迭改变体育项目的选择。同时，体育项目传播过程中也会发生一些变化，造就新的社会阶层。

2. 传染型传播

传染型传播是指某种体育文化比较容易为接触者接受，接触的人，如同接触到易于传染的病菌一样，自然地接受了该文化，从而实现了其传播。该种类型传播的体育文化大多具有趣味性强、娱乐性强的特点。这些体育运动项目比较易于上手，而且其技术学习和练习具有持久性，技术种类多样。随着训练水平的不断提高，技术提高程度也较快。同时，具有这种传播方式的体育项目对场地器材等硬件条件要求不高，可以随时、随地进行运动。因此，此类体育文化更加吸引受众，容易产生共鸣。

传染型传播具有传播速度快、传播面积广、传播持续时间长等特征。传染型传播与社会经济发展、体育文化传统的形成也有一定关系。当社会发展为某一个运动项目提供了足够的物质基础之后，更容易促进项目的传染型传播。如果社会物质基础没有达到要求，即使项目吸引人，也不会以此类型传播。

3. 刺激型传播

刺激型传播指的是某一个地区的体育文化向外传播过程当中受到其他地区文化限制而不得已做出改变，以适应该地区文化的传播形式。

刺激型传播形式推动了很多体育文化向更大的空间传播。在推动的过程中，体育文化和其他地区文化结合之后还衍生出了其他形式的体育项目，比如说太极拳就是典型代表。太极拳最初发源于陈家沟，后来随着一些习武者的流动，开始在全国其他地区广泛传播。传播过程中，太极拳为了满足不同区域提出的实际需要而进行了一定的改革和创新。现在，太极拳运动有很多流派，不同的流派和陈家沟诞生的陈氏太极拳之间都有紧密的关联，但是，在此基础上，不同的流派也创造出了独具本派特点的太极拳特征。举例来说，杨氏太极拳就是除了陈氏太极拳之外的主要太极拳流派，杨氏太极拳也是在陈氏太极拳的基础上形成的。经过创始人祖孙三代的不断努力、不断创新之后，杨氏太极拳形成了基本的框架。相比之下，杨氏太极拳更加注重简洁严谨，更加强调动作的和顺，注重动作本身的轻松。整体来看，练习方法相对简单容易，姿势更加朴实平正，注重刚柔并济，强调积柔成刚。上述鲜明特征使得杨氏太极拳受到了人们的广泛欢迎，受到了广大群众的喜爱，也在全国范围内广泛地传播。

刺激型传播的主要原因是改造，这种改造主要包括：①自然地理环境发生了改变，失去了支持原有体育文化的物质基础，传播者不得不改变项目所依赖的物质基础，改为以当地物产为基础；②传播地的人文环境发生了变化，传播者必须考虑传播地的文化氛围以及体育运动的特征，进行适当的改造以适应接受者。因自然地理环境发生变化而改变体育文化自身特征的例子为数不少。刺激型传播的核心是变化，变化的原因从根本上说主要是地理环境和人文环境。科学技术的发展也会导致这种变化的出现，现代科学技术可以从场地、器材装备等方面改造一项运动，从而使得运动更加丰富多彩。

（二）迁移型传播

迁移型传播是指具有某种体育文化生活的人或集团从一地迁移到另一地，将该运动向外传播。这种情况多见于移民。同时，经商者、官员、军队、留学人员、流浪艺人等多种人群也是迁移型传播的主体构成。迁移型传播可以分为以下三种类型：

1. 墨渍式扩散

墨渍式扩散指的是移民在移居到某一个区域之后开始在区域当中的小区域传播体育文化，不同的小区域之间并没有形成体育文化关联，体育文化传播的小区域之间还存在其他区域的文化阻碍。换句话说，就是体育文化只在一个区域当中的若干个小地点扩散传播。体育文化传播扩散之后，虽然小区域内的体育文化依旧存在某种程度上的关联，但是它们也会因为地域的区别而慢慢地显现出差异。墨渍式扩散是体育文化生活当中经常出现的扩散类型。

分析移民情况可以发现，很少有大规模移民共同占据某一个区域的现象。通常情况下，移民只是小规模地生活在某一个区域当中，而且移民在移动的时候会考虑经济需求、传统文化需求、地理需求，他们会主观地对移动区域进行判断。所以，移民的迁移地域通常不同。不仅移民如此，其他人群在迁移过程中也呈现出分散式的特征。原住区域的居民在了解和接受移民所带来的体育文化生活时，也会仔细地考察。移民为了更好地让体育文化生活在迁移地区传播，会对其进行一定的创新，使其更加符合移民地区的文化需要、体育需要。大多数情况下，受到地域之间文化传播不顺畅的影响，移民所带来的体育文化通常会被认为是其他民族的体育文化。

2. 占据式扩散

占据式扩散指的是起源地区的体育文化虽然伴随着移民的移动而传播到其他地区，但是并没有在其他地区做出较大的改造与创新。也就是说，在这种传播模式下，体育文化仍属于原来起源地区的体育文化生活系统。

（1）大一致型扩散。指的是大量的移民移居到了某一个地区，为该地区带来了大量相同起源的体育文化生活，区域内部其他仅存的小部分体育文化生活被移民所带来的相同起源的体育文化生活同化的传播类型。此种类型经常伴随着大量的移民迁徙。举例来说，在魏晋南北朝时期就曾出现过此种传播扩散类型。魏晋南北朝时期因为存在大量的战争，所以，很多中原民众向江南地区移民迁徙，使得江南地区出现了很多中原文化，越来越多的中原体育文化项目开始出现在江南地区，并且得到了快速扩散和发展。例如，投壶项目、蹴鞠项目。

（2）小一致型扩散。指的是移民将自己原来居住地的文化迁移到了其他的地区，居住地的文化在进入其他地区之后并没有出现变化，仍然和之前的文化内核保持一致的扩散类型。此种扩散经常出现在少数民族文化迁移过程当中，少数民族的体育文化生活并不会因为地域迁移的影响而出现变化。所以，无论少数民族迁移到哪个区域，民族自身的体育特色都会和原来民族所居住地区的体育传统保持一致。

占据型传播的体育文化一般代表了主流文化，其方式是多种多样的。我国接受西方现代体育的进程就是比较典型的占据型传播。我国接受了西方的学校体制后，也接受了西方学校以其文化为主体的体育运动项目。应该说，这是西方现代体育进入中国并取得主导地位的主要原因之一。随着我国学校教育的普及，这种占据更加具有广泛性，更加深入地进入我们的文化改造中来，成为中国体育文化的主流。

我国大力发展竞技体育和以健身为主的群众体育，从另一个方面决定了西方体育在中国的占据型传播。体育生物功能的不断强化导致以科学为基础的西方体育更容易取得大众认可。而运动人体科学则更加关注竞技体育的行为，提升了西方竞技体育的地位，并使其不断巩固占据的范围。中国传统体育过去比较注重文化性，对传统体育的科学研究明显不足。

3. 变异式扩散

变异式扩散指的是移民迁移到一个新的地区之后，自身的体育文化生活受到原住民体育文化生活的影响而出现巨大变化的扩散形式。移民在迁移到其他地区之后，会受到周围原住民数量、经济以及地位等方面的压制。总体来看，迁移之后的移民在社会当中处于劣势地位，在这样的情况下，移民自身的体育文化不可能长久地在该地区保留下来。在长久的生活中，移民所开展的体育文化生活活动必然会被该地区原住民的体育文化生活所影响，此时，移民的体育文化生活就出现了巨大的变化，和旧地区之前的文化生活形成了鲜明的对照。变异式扩散形式会导致三种结果的出现：首先，移民和移民之后地区的体育文化生活完全融合，移民不再使用之前的体育文化生活方式；其次，移民会保留原来体育文化生活的一小部分内容，移民保留下来的原来地区的体育文化生活内容只能作为非主流形式的体育文化生活出现在居住地区；最后，移民和该地区的原住民共同参与体育文化生活的创新创造，融合创新之后，体育文化生活将以全新的面貌呈现在移居地区，全新形式的体育文化生活代表两种文化的融合与交流。

二、体育文化的区域整合传播

现代科学技术、社会经济、政治、军事的发展为人类体育文化交流提供了更多可能。在文化交流过程中，各种文化间的整合趋势越发明显，随之而来的是体育文化区的变迁。当代世界体育文化发展既有着区域之间的特色，同时，由于各种原因的综合作用，体育文化正在实现区域之间的整合。而且，这种整合正在以惊人的速度发展，趋同成为主旋律。

文化整合是一种文化战略，当代的世界强国不仅重视政治、军事、经济等硬实力的输出，也重视文化软实力的建设与输出。

（一）体育文化区域整合的动因

在人类文化发展的过程中，在政治、经济、军事等方面发展较快的国家，其文化往往也处于强势地位。强势文化通过更加多样的手段和文化吸引力逐渐推广到世界各地。而一些弱势体育文化群体在这样的文化攻击下处于防守地位，其传统体育文化面临着消亡的危险。

我国的体育文化主要是通过学校和社会进行传播的。在21世纪初叶开始的体育与健康课程改革中，就将健康作为课程的第一要务，提出了学生学习的五个目标，即运动参与、运动技术、身体健康、心理健康和社会适应。显然，这五个目标并没有体育文化传承的内容。而且从教学内容上看，基本也是以西方体育文化为代表的项目。即使是民族传统体育，也主要围绕项目的技术和战术传授，对民族传统体育的文化内涵挖掘不够深入，对民族传统体育文化的传播关注不够。

此外，大多数体育文化强势的西方国家亦把体育文化推广作为其文化推广的重要手段，他们通过赛事运作吸引全世界的注意力，借高水平竞赛推广其价值观，让体育发挥文化传播使者的作用。

（二）体育文化区域整合的后果

今天，科学技术推动下的生产方式改变不可避免地影响到人类的生活方式，传统农业生产、牧业生产,其至一些工业生产正在退出人类的生产过程。在信息化社会,生产方式的改变是不容置疑的,也是无法改变的。因此,让那些原来处于农耕文明区域的体育文化再保持下去的基础已经逐渐失去了,其文化区域必然进行着现代化的改变,逐渐统一在一个更广大的体育文化区域之内。当前,在高校中已经很难见到学生为了锻炼身体而进行太极拳练习,更多的学生参与的是篮球、足球、乒乓球、羽毛球等项目。一些现代运动项目在学生中影响巨大,如啦啦操、排舞、街舞等新兴体育项目越来越深入到学生之中。随着学校体育在体育文化中作用的不断加强,我国未来的体育文化整合已经显现出西方化特征。这种趋势的蔓延是无法阻挡的事实,这就需要讨论体育文化多样性与单一性之间的关系。文化多样性的基础是地理环境多样性的直接作用结果。而人类跨越了地理环境之后,文化多样性越来越难以坚持下去,研究现代体育文化区域的努力将越来越难以实现。

第三节 体育文化传播的优化策略

"随着信息技术的不断发展,人们已经进入到新媒体发展时代,并正在通过各种各样的方式接触到信息和文化。高校是发展和传播体育文化的重要阵地,为了促进高校体育文化的有效传播,在新媒体背景下,高校应通过课外体育活动、体育教学、体育竞赛等多种形式,创新思路,探索渠道,利用新媒体平台,提供简单、便捷以及多样的传播方式,传播体育文化,加深高校学生对体育文化的理解,有效培养学生的体育文化素养,促进学生的全面发展。"[1]

一、提升传播者的综合素质

传播者综合素质的提升需要传播者参加培训。通过培训,传播者可以掌握更多真实的信息,传播者在参与信息传播时就可以输出更高质量的信息,就可以在社会当中创造出更加优质的体育文化信息传播环境。除此之外,在接受传播培训的过程中,传播者也能够了解传播学科与体育学科有关的知识。知识的了解有助

---

[1] 乐凤莹,周璐.新媒体环境下高校体育文化传播创新路径研究[J].当代体育科技,2022,12(06):153-156.

传播者综合运用不同学科的优势，向更大的范围开展更深程度的体育文化传播。

体育文化传播者有很多，比如说政府部门的工作人员、新闻记者或者社会当中的普通群众。所有的传播者当中最主要的人群是高校师生。所以，在提升传播者素质的过程中，尤其要关注学校体育宣传部门、体育教师、体育俱乐部、体育社团成员以及体育学生在体育文化传播方面的素养提升。高校当中的师生具有更高的信息辨别能力，可以自主抵御不良信息，可以主动发布真实信息，他们的加入在一定程度上推动了体育文化传播。

综上所述，可以发现新的社会环境下，传播者应该掌握更多的专业知识，具备更高水平的专业素养，一定的政治思想觉悟，道德素质优秀，业务能力水平高。在体育文化知识学习方面，应该做到掌握理论知识，具备实践经验，如此，才能向受众输出更优质的文化内容。

二、拓展体育文化传播渠道

"高校要借助微时代力量实现体育文化的有效传播，首先要创建相应的微平台，让大学生有明确的信息获取渠道，之后再将相关的体育文化知识和学校发生的一些重要体育活动发布在平台当中，并通过校园宣传让学生关注到微平台，这样才能通过微平台扩大校园体育文化的传播范围，进而引导全员了解体育信息，丰富学生的体育知识内涵，培养学生的体育传承精神。"[1]高校可以使用文化传播的渠道非常多，比如说体育学会、各类软件以及体育传媒。高校使用的体育文化传播方式以及涉及的体育文化内容多种多样。在微时代下，高校进行体育文化传播的时候需要有效整合可以运用的体育文化传播渠道、体育文化传播资源，这样才能充分发挥出不同传播渠道的优势，更好地助推体育文化向更和谐、更高水平的方向发展。学校应该同时运用传统媒体和新媒体，让多个媒体充分发挥传播优势，让体育文化传播内容覆盖到更多的受众。例如，高校体育协会以及高校体育社团可以通过微信公众号的方式传播体育文化，高校也可以通过自身的官方微博分享体育文化知识、体育文化信息。再如，高校可以借助自身的校园报刊刊登体育文化信息。不同的媒体之间可以做到优势互补，充分发挥彼此的优势，而且，不同媒体之间的结合还可以避免不同媒体类型之间的恶意竞争。

---

[1] 吕慧鹏.微时代高校体育文化传播平台构建[J].当代体育科技，2020，10（10）：8-9.

三、优化体育文化传播内容

体育文化传播过程中最为核心的部分是传播的内容,传播内容是否高深、是否有质量,直接影响最终的体育文化传播效果。体育文化传播者需要根据传播环境以及信息接收者的具体情况展开分析,以此来确定受众需要哪些体育文化内容。分析目前高校所传播的体育内容可以发现,更多和学校运动会或者学院举办的体育项目、体育比赛有关。除此之外,也有一些体育知识讲座。总的来看,这样的内容形式过于单一,并没有体现传播内容的多元化特点、丰富化特点。所以,高校未来在进行体育文化传播过程时,需要注重内容的丰富。

第四章 生态文化建设与体育教育措施

在面临人类生态危机之时，人类所具有的超越其他物种的思维意识，使人类看到未来面临毁灭的危险，所以人类会想方设法化解这种危机，生态文化的产生就是应对这一危机局面的途径，生态文化的兴起凸显了其当代价值。本章对生态文化建设及其文化育人途径、生态体育及其对生态文明的价值、生态体育教育的意义与建设措施进行全面分析。

第一节 生态文化建设及其文化育人途径

一、生态文化建设的价值体现

（一）推动发展观念的生态化变革

生态环境加剧恶化迫使人们开始反思自身行为。在反思过程中，人们清楚地意识到沿袭至今的发展观念已经不适应人类发展，几经钻研、论证，可持续发展战略应运而生。就本质属性而言，可持续发展战略是与时俱进的生态发展理念，对人类发展具有重要意义。秉持可持续发展理念，人们能更深入、理智、科学地认知人类发展趋势。可持续发展战略结合效率原则，能在道德价值层面极大地促进幸福生活目标的实现。

1. 传统发展观向综合发展观转变

具有鲜明单一性的传统发展观将经济增长作为一切工作的根本导向，认为经济的高速增长、GDP的大幅提高就是社会的进步，财富积累量是社会发展的唯一评判标尺。经济增长品质与成果、经济增长与资源合理使用的协调发展、社会其他领域的协同协作皆不被传统发展观重视。不过，随着自我反思的深入，人们逐渐意识到对经济增长速度和数量的一味追求，必将会造成一系列关乎人类生死的严重危害，比如，生态环境破坏加重、资源消耗加速、资源浪费严峻、不科学的资源利用方式产生温室气体、破坏世界气候平衡等。传统发展观的弊端日益突出。

统筹社会各领域协同合作，齐头并进发展，特别注重保护生态环境、科学合理利用资源，是可持续发展战略和传统发展观的根本差异。经济提高的速度和数量不再是发展观的单一追求。经济提高过程需要融合科学、可持续发展观，将经济增长的质量和成果作为一切工作的核心，将绿色GDP作为经济增长品质评判标尺，将人类生存环境改善作为根本目标。由此可见，综合发展观着眼于从整体环境考虑事物发展，注重客观事物复杂性，尊重因果效应，具有非线性的本质。可持续发展观和科学发展观是典型的非线性发展理念。

可持续发展观体系包含众多因素，各要素自身、要素与要素、要素与体系、要素与环境之间都存在错综复杂的非线性交互作用，且互相影响，将整体性和持续性发展作为首要准则。人们反思新中国成立后经济发展历程，提出了更适合现代经济发展的科学发展理念。与传统发展理念不同，科学发展观以人为本，放眼全局，对社会、经济、环境及其他因素统筹兼顾，在确保经济稳定增长的前提下，秉持可持续发展理念，实现资源开发利用与生态保护和谐发展。

总而言之，在历经多个不同历史时期更迭、多种历史文明交融之后，人们的生产能力逐渐增强，经济增长呈快速、科学发展态势。随着社会的不断发展，人们的生态保护意识不断增强，社会发展观不断转变，带来了多方面连锁反应，以人为本取代以物为本、非线性发展代替传统线性发展、平衡发展取代不平衡发展、生态式发展代替掠取式发展。这也代表着当代综合生态化发展观开始逐渐代替传统发展观。

2. 可持续发展观向生态化转变

全世界生态环境的恶化和资源紧张程度在20世纪60年代快速加剧，严重危害了人们的身体健康，阻碍了社会经济进步。同时，现代工业生产方式暴露了严重的发展隐患。面对如此严峻的生存形势，人们开始积极寻求可持续、科学的发展观，全面系统地研究、探讨能够实现社会经济发展、资源开发利用、生态环境保护、人类健康存续进步等多方协调发展的方法。以探索生态保护与人类存续发展为核心的"可持续发展"理念无疑成了人们继续发展的重要方向指示标。

20世纪80年代，联合国大会制定了《世界自然保护大纲》，让"可持续发展"理念在世界范围内广泛传播，形成了一定的国际影响力。到了1987年，以挪威首相布伦特兰夫人为首的"世界环境与发展委员会"面向全球发布了一则重要报告，即《我们共同的未来》。此报告明确定义了可持续发展观，即在满足当代人发展需求的同时，不损害后代发展需求的发展理念。后来，国内学者对可持续发展观定义有所补充，认为可持续发展是持续提升人们的生活品质和环境承受能力、兼顾当代人需要与后代人需求能力、保证一个地区或一个国家发展的同时，又不危害其他地区或国家公民发展的发展理念。实现人与自然、人与人和谐相处成为可持续发展理念的中心。

随着不断补充完善，"增长极限论""无极限的增长论""循环经济理论"等多种理论，共同组成了一整套相对完善的理论系统。在环境自身承受能力和恢复能力范围之内科学合理地开展人类发展活动，是可持续发展理论系统的基本要求。同时，可持续发展观强调"人类相对中心主义"，一方面要实现人与自然的平等互惠，另一方面要始终严格遵循自然生态运行规律。因此，实现人与生态共同、和谐发展的最好理念就是"人类相对中心主义"。实现人类社会与生态环境和谐发展，平衡人均利益是可持续发展的基本要求。长期性和永续性是可持续发展的显著特点，兼顾当代人效益和后代人利益。如今生态资源已经不能承受人们的过度索取，环境保护已成为世界首要工作。人们只有改变以往不科学、不健康的掠夺式经济发展模式，施行可持续发展战略，才能得以存续发展。

综上所述，与传统发展观相比，可持续发展理论具有众多优势，具体来说有：①使人们清楚地认识到人类不是唯一主宰者，人与生态是和谐发展、共生关系，生态环境质量是重要的发展评判标尺；②现实表明过度消耗资源只能带来一时的经济发展，后续发展无以为继。因此可持续发展认为经济、生态、政治、社会等各方面协调和谐发展才是正确的选择；③积极推动集约型经济发展模式代替原有粗放型经济发展模式，增强资源利用率，合理分配资源；④一味追求经济增长已经不能适应社会发展要求，可持续发展观才是实现全球永续发展下去的关键选择。

可持续发展观与原有发展观具有明显的不同。它属于非线性发展理念，具有长期性和永续性，以人与生态、人与人的关系研究为核心，清楚呈现人类发展与生态发展间的和谐共生关系，生态环境的好坏限制着人类发展，人类发展直接制约着生态质量。这是打破原有发展观的束缚，科学发展生态化持续发展的新兴理念。

3. 经济模式的生态化转型

经济模式的生态化转型代表了人们的价值观、信念、态度和行为方式的生态化转向，也是生态文化的具体体现。当今国内与国际社会的经济发展方式均以满足人类的各种利益作为努力奋斗的目标，在很大程度上是以实现财富的不断增长作为人类幸福的象征。实际上，如果总是不断地以耗竭性方式攫取地球资源，终有一天地球上的资源不能够满足人类的需要。因此，经济模式的生态化转型，就是告诉人类要摒弃耗竭式攫取地球资源的经济发展方式，而以生态经济或者绿色经济发展方式作为我们人类社会经济发展模式的首选，生态文化成为人类社会的主流文化。

（二）推动政治过程的生态化转变

社会生产发展的方向、社会生产对环境造成的影响都取决于国家的制度框架，这将成为国际政治未来发展的必然选择。

1. 政治过程生态化与传统政治的差异

目前，倡导生态环保的"绿党"遍布每个国家，同时各国民众的生态保护意识也有很大提升。生态在两种力量的持续推动下已被列入重要国家政治事项，政治影响力逐渐增大，直接使政治发展倾向生态化。受政治生态化与生态环境的恶化的影响，生态政治理念逐渐形成，即实现人类政治活动、人与生态和谐共生理念、生态学理念逐步融合。

对生态政治内涵的剖析可以从其产生的时间和根源着手，其概念表述包括：生态政治是在政治学中引入生态学的观点，借助政府的手段和力量，自上而下地建立符合生态价值观的体系框架，其中既要有制度层面的硬性规范，又要有指引人们正确处理与自然环境之间关系的指导思想，以此缓解因违背自然规律而产生的环境问题对人类及其他生物永续健康生存而产生的威胁。生态政治中政治实践与理论的绿化突破了传统，是政治领域的一次创新实践。生态政治围绕生态这一主题，不断进行理论和实践的探索，并且在政治中给予自然高度关注和广泛讨论，促使人们更深刻地审视人与自然、自然与生态之间的紧密关系，进而在政治层面上制定有效的措施，成功地应对自然环境的问题。

（1）政治过程生态化转变了人类与生态的相处方式。作为人类政治文明进步的重要表现，生态政治以普遍联系的政治哲学和公平正义的社会价值观为主体，以生态学为分支，注重维护人与生态和谐关系，主要处理经济效益与生态利益不和谐问题。生态政治根据普遍联系的哲学观，凭借公平正义的社会价值观，充分彰显生态环境人文关注，提倡在人与生态的互相作用中人类经济利益与生态利益并重，大力促进生态友好型社会的建立，将人与生态环境的协同进步作为可持续发展的首要工作目标。

（2）政治过程生态化扩大可参与的主体范围。作为政治发展过程的参与主体，专门从事政治活动的人数相较于传统政治系统中的人数要少，然而在生态政治系统中存在众多参与主体，比如政府机关工作者、社会公益组织工作者及其他社会机构组织参与者。政府已经不再持有生态政治核心权力，而是行为活动被人们普遍认可的各领域个人或组织机构具有生态政治核心权力，同时，他们对政府生态政治建立具有一定的监管与促进作用。

（3）政府决策的生态化是对生态环境的客观保护。政府可以通过制定政策法规直接对环境进行保护，也可以通过制定政策影响人们的行为方式间接实现对生态环境的保护。因为生态政治拥有最广泛的公共参与基础，能有效改变过去由于生态效益所具备的外部性特征而带来的消极观念，这种公共政治参与意识的增强对从根本上改变我们的生态环境意识有着十分重要的帮助，也更有利于解决生态环境问题。同时，随着全球经济一体化的发展，环境问题也成了全世界各国面对的问题。因此，政治决策区域化、国家化、国际化也十分重要。意识形态应该是多元化的，不论是自由主义、保守主义还是社会民主主义，只要认同生态政治的价值观和主张，都应该为生态政治的建设所用，而不应该局限于它属于何种政治派别。总之，未来政治的重要任务之一就是重塑生态的和谐。

2. 政治过程生态化的环境外交趋势

第一，维护国家和国际社会的和平安定日显重要。一些发达国家以保护生态环境为理由苛责发展中国家发展的经济；向发展中国家施加压力，提出不合理的环境义务要求，如转移有毒有害废物；影响中东和平进程及中东国家之间关系而由此带来的关于石油资源及水资源的纷争等，可知生态环境冲突在所有国家之间都有可能产生。因此，需要通过环境外交谈判来达成某些政治上的冲突，并引起世界人民的关注，阻止污染物以及各种有害物质向他国转移的做法，减缓甚至消除因资源问题带来的纷争。可见，政治过程生态化的环境外交成了维护国家安全和国际社会和平、可持续发展的重要砝码，在外交谈判中日显重要。

第二，法制化、条约化特点愈加突出。目前，对环境问题的研究在全球范围内已经进入制定并履行国际公约、国际协议过程，一系列围绕环境的政策法规、倡议书逐渐发布，强调法制化、条约化。这些具有法律效力的法律、公约可有效减少或处理区域、国家和世界环境矛盾、政治冲突及经济制约。国际环境法是当代国际法的重要分支，以协调、管理在合法保护、改良和合理利用资源范围内各国的国际关系为己任。

第三，科学技术性更加显著。人类生态认知和环境保护意识的持续加深、人与生态和谐发展，实现可持续发展的追求及解决目前严峻的生态危害是环境外交形成的基础。国家政治活动和科学技术发展都会对环境外交产生一定影响。目前众多热门外交问题，比如臭氧层外交、跨国酸雨外交、海洋环境保护外交、全球气候变暖外交、生物多样性外交等都需要现代科学技术发展作为重要支撑。科学技术是当代环境外交的首要前提。

第四，公益性愈加鲜明。维护国家环境利益、其他国家环境利益和后代人利益是环境外交的重要工作目标。为了维护整个地球公民的利益和生存道路，越来越多社会制度不同、国家实力发展水平不同、文化不同、信仰不同的国家代表登上环境外交历史舞台，朝着共同的目标解决国际环境问题，共同调节国家环境关系。

（三）促进社会生活方式的生态化变革

既然生态文化是一种文化现象，也就代表了整个社会的价值观、思维模式和行为方式，仅强调生产方式生态化，是不可能达成生态文化最高阶段目标的实现，需要全体公民均能够认同和履行生态行为，才能形成整个社会的生态文化氛围。因此，很明显真正的生态文化是能够促进社会生活方式的生态化变革。

1.促进社会消费观及行为生态化改进

诚然，人类的生存发展始终要以消费物质产品为基础，但这种消费应该适度合理的，而不能是过度甚至奢靡的。过度奢靡导致工业社会为满足不断膨胀的社会消费需求欲望，以"高投入、高消耗、高排放"刺激经济的发展，满足物质生产的需要。根据消费心理学，现代市场经济中的生产是受消费影响的，生产结构、生产方式和生产理念是受消费结构、消费行为和消费观念所引导的。实际上，很多物质需要并非有着实质上的需要，更多的是为了展示权力和炫耀金钱，满足人们虚荣心理的需要。这样的消费市场心理需要，很显然会误导人类的生产方式。生态文化的当代价值之一，人类必须转变消费模式，倡导以物质消费为主的消费方式逐渐转向精神消费的发展。要求以生态学为指导的消费主张引领公民生态消费方式，通过这种消费方式的变革形成消费结构、消费行为、消费理念的生态化，促进资源节约型用品、耐用品、大众用品、环保与健康产品、精神文化产品的大幅度需求。因此，真正的生态文化能够促进社会消费观和行为生态化改进。

2. 促进公正民主的生态和谐社会自觉形成

我国生态文化建设的宗旨就是构建社会主义和谐社会，本质上不仅要实现人与人、人与社会的和谐，还需要实现人与自然的和谐。这两种和谐关系的基础都是以人为本，关注人在促进社会与自然发展中的作用，更加科学地推动社会各方的共同发展。它的建立离不开公平、公正、民主这一前提，因为社会的发展进步、生态的保护、环境的治理都需要人们的共同行动与参与。公平原则是生态文化建设的最高要求，包括代内的横向公平、代际间的纵向公平、人与自然之间的公平和有限资源在国家和地区之间的分配公平，尤其是在发达国家和发展中国家之间公平分配。

人类进行的社会生产不再局限于满足物质需求，而是追求对物质财富的最大化生产。这种超出社会承载范围的生产方式使得贫富差距拉大，产生两极分化，不利于人类社会自身的和谐发展。那么，为了达成人与人之间的和谐目标，就需要我们应用生态科学的原理，制定相应的制度，约束两极分化程度的扩大。这就需要站在公正的立场上，采用民主的方法，兼顾各方利益，引导富裕阶层主动回馈社会，达成调控国家、省市之间的经济发展速度和资源利用速度。通过这样公正、民主的生态化方式的调节，不仅可以解决当代人之间的利益分配问题，还能够缓解代与代之间的资源利用以及利益分配问题，社会矛盾随之也会得到缓解，人与人之间的关系也会非常融洽，从而逐渐自觉地采取维护公正民主的行动。同时，还可以通过各种生态教育方式引导人们改变生活方式，通过建立一系列自上而下的体系，监督、抑制政府的不规范行为和决策，培养公民的民主意识，增强公民政治参与的能力，使人类社会发展按照自然的客观规律前行，促使全体公民养成维护社会和谐的自觉行为。

（四）加快科学技术的生态化转向

"科技是第一生产力"，科学技术是推动社会进步的决定性力量。但同时我们也要注意到"科学是一把双刃剑"，当技术的进步超过社会发展的当前阶段，或者说科学技术还未被大众真正了解，那么人类对于技术进步的盲目自信带来的是无尽的欲望、资源的枯竭以及环境的污染等威胁人类健康、社会发展的严重后果。资源稀缺、人均占有量少是中国的基本国情，而传统过时的工业科技又往往以稀缺性或污染性的资源为开发对象，不可能取得持续的发展。因此，为解决当前的危机，我们必须探索一条新的可持续发展之路，即科学技术转向生态化。

1. 科学技术生态化是社会发展的内在需求

科学技术生态化是指将生态学、生态经济学、生态管理学等生态科学、系统科学的原理渗透人类的科学技术活动中，用人、社会、自然协调发展的观点去思考、认识、指导、实践科学技术活动，实现地理的最优化。

（1）社会需求是科学技术生态化转向的动力之源。科学技术的发展最终是社会需要所推动的。每一项科学技术的产生都源于人们对某种价值的追求，它是人们解决问题和实现目标的一种方式。任何一种生产技术的产生和变革，都是为了得到能够满足人们生产生活需要的技术产品。在技术的应用过程中，人和整个社会乃至自然界都会受其影响。所以，人类在开发先进技术的过程中，不仅要考虑它是否能够实现预期的价值目标，还要考虑合理协调技术之间的关系，如社会技术、思维技术与自然技术之间的关系，更要考虑促进人类社会与自然界的长久和谐。在生产技术更新变革、产品生产的过程中，除了社会和经济的价值需要考虑之外，还需要考虑生态价值，力求最大限度地提高自然资源的利用率，避免给自然界带来不良的影响。

（2）技术的应用体现社会发展的目标。科学技术总是为实现社会的发展目标而进步，其技术应用的终极目标就是满足人和社会的价值目标追求。过去的社会发展目标比较单一，主要是满足人们对生存基本条件的需要，工业革命以后，人类社会的发展目标有所改变，最开始是为了不断增长对物质占有欲望的需要，后来发现这种社会发展目标存在很大问题，给人类赖以生存的地球生态系统带来无法弥补的灾难性后果。

因此，国际上有识之士开始了对人类的社会发展目标进行探讨。时至今日，形成了世界范围内的共识，认为人类的社会发展目标应该是在公平、公正、民主的基础上，共享自然资源和科学技术成果，实现人与人、人与自然的和谐相处，应持有不违背自然生态系统的价值观和伦理观。由此看来，生产和社会发展的要求和技术之间的影响作用是相互的，生产和社会发展需要技术推动，同时也会对技术的发展有所限制。

2.科学技术生态化是人与自然关系的协调手段

科学技术解放了人类的物质与精神，是协调人与自然之间关系的有效方法。传统的科学技术观念以人类为中心，以征服自然为目的，认为自然界应该受人类主宰，虽然给生产力的发展做出了巨大贡献，但也破坏了人与自然的和谐。要改变破坏自然界的科学技术旧模式，就应该探索不破坏环境的新的生态科技之路，这也是形成适宜人类发展的生态社会环境的长远之计。

（1）生态科技能够推动社会的持续发展。旧时的生产方式，以最大化创造财富为目的，追求经济的高速发展，强调财富创造力。生态科技将人类社会的发展和自然的发展放在了同等重要的高度，认为自然是人类社会的组成部分，向自然界排放污染物最终受损的是人类自己，生态科技所推崇的是对自然界低污染甚至无污染的技术发明与创造。自然、社会的和谐共生是科技生态化的目的所在，人、社会、自然三者的共同发展是科技生态化的价值追求，秉承的是可持续发展的理念。有了正确信念的传导，社会经济可实现快速平稳的发展，环境生态也能保持在良好的水平，人类社会也能保持人与人以及人与自然和谐共生的安稳局面，从而推动社会的可持续发展。

（2）生态科技可以促进社会全面进步。旧时的生产力代表着工业文明的发展，在那个时代，工业得到高速发展，物质财富迅速增加，社会经济迅速膨胀。生态科技指导下的生态生产力代表着生态文明时代的先进性，注重社会的全面进步。它不仅强调人类社会的发展，还重视人、自然、社会三者之间的共同发展，并且将自然环境的保护作为人类文明进步的标准。在这样的社会里，科技文明成果不会得到滥用，也不会出现违反自然规律、违背人类伦理的创造发明，因为这些不属于生态科技的内容。而且人类会不断反思自身的发展，包括学习能力、适应能力、创造能力等，在促进人自身全面发展的同时，实现人—社会—生态系统的持续发展，推动社会的全面进步。

（3）生态科技能够提高人民生活水平。生态科技倡导人们要以"绿色技术"为主，强调人类应不干涉自然发展规律，使自然生物按照自然的原有规律自行生长。这样生产出来的生态产品，对人们生活水平及生活质量的提高具有极大的促进作用，可以减少疾病，提高生活品质和幸福感。

二、生态文化建设的基本理论

（一）生态学理论

21世纪的生态学，既是包括人在内的生物与环境之间关系的一门系统科学，也是人类认识环境、改造环境的一门世界观和方法论或自然哲学，还是人类塑造环境、模拟自然的一门工程美学，是科学与社会的桥梁。

1. 生态学的基本认知

生态学是20世纪形成的一门独立的、年轻的、快速成长的学科。它是研究有机体与环境相互作用的科学，并不局限于研究自然系统。有机体包括动物、植物、微生物和人，有机体的生活和生存离不开环境，而人类又依靠其他生物取得生活资料和改善环境，所以人类的一切活动都带有生态性，了解人类对自然的影响也是生态学重要的研究领域。农业、林业、渔业、牧业等人工系统在一定程度上都是应用生态学，是生态学的重要研究领域。

人类生态意识的形成可以追溯至远古时期。经过漫长的放牧、采摘、狩猎及农耕生产过程，人们逐渐积累了一定的、浅显的生态学认知，比如植物生长与气候、土壤、水源的关联以及寻常动物的物候习惯等。在公元4世纪，希腊学者亚里士多德曾经对不同类型动物的栖居地进行了简略表述，依照活动环境种类将动物划分为陆栖和水栖，依照动物的食物种类分为肉食、草食、杂食和特殊食性等。中华民族在3000多年前就囊括道理、事理、情理和义理，建立了相对完善的人类生态意识系统，"观乎天文以察时变，观乎人文以化成天下"。

很多生态学理念都萌发于春秋战国和西汉时期。人们正确理解天时、地利、人和关系，准确认知物质循环再生，遵守生态发展规律，调节身心行为，建构协调共生生态观系统。以此为基础，农业社会拥有了3000余年的发展时间，孕育了独一无二的华夏文明。这时的生态意识系统还只是用于调节社交关系的、质朴的意识形态。

生态学是研究有机体与其环境相互作用的科学。这里的"环境"是物理环境（温度、可利用水、风速、土壤酸度等）和生物环境（对有机体的，来自其他有机体的任何影响，包括竞争、捕食、寄生和合作）的结合体。这是标准教科书对生态学的定义，生态学的研究不限于自然系统，了解人类对自然影响和人工生态系统的生态学也是重要的研究领域。

2. 生态学的主要规律

（1）标志人与环境相互联系的方式。人类的一切活动都带有或多或少的生态性。人既是现代文明的创造者，也是地球生命保障系统的最大破坏者。生态学自诞生以来，就试图作为一门纯粹的自然科学而存在，强调其"客观"，避开人类和人类社会。但20世纪以来，地球自然生态恢复的速度远远赶不上地球生态系统被破坏的速度，生态学者的研究影响范围太过于专业，离政客、企业家和普通民众都很遥远，导致大家对生存的地球认识有限，往往是保护和破坏同时进行，或者局部修复，整体又在破坏，人和自然分离，经济和环境分隔，研究和管理脱节。

21世纪的生态学已经改变了对这种分离的认识。生态专家在很长一段时期都将原生生态体系作为研究热点。进入21世纪，建立和谐、可持续的生态和人类相处关系成为生态学新的研究重点。此时的生态专家肩负科学研究和提供决策信息的双重使命。在可以预料的将来，地球人口过度膨胀，而自然资源的消耗速率进一步加快，人类对地球的改造只会加剧。因此，将人类活动融入地球生态系统，并作为一个整体来研究十分必要，未来研究的焦点将是，在满足人类需求的同时维持地球生命系统的活力。人类作为环境主体与由人类有意或无意管理的独立生态体系，共同构成未来环境。可持续发展的未来必定是一个综合性生态体系，并且具有很强的维持性、恢复性和创造性；可持续发展战略的谋划和各种决断必定离不开生态学的科学指导。区域乃至全世界的科学家、政府、组织机构和公民必须秉持统一的可持续发展信念，积极发挥各自的正面作用，建立良好的协作关系，共同致力于建立适合进行生态研究和使得生态知识有效运用的新生态文化环境。

对有机体、物理环境与人类社会相互关系进行综合研究，且独立于生物学之外的基础学科，即生态学，它是社会与科学的联系纽带，旨在揭示生命体系与环境体系间的交互作用规律和原理。简单来说，生态学是一门关乎百姓安危的环境关系学，联系着"你、我、他"，涉及人类健康、生计谋划等错综复杂的知识内容，是人类生存的根本基础，人类生命健康、稳定发展的力量之源。

生态学正是运用到对人的研究上，才获得了长足的发展，甚至可以说生态学正是基于对人的研究才获得现代性的。从古代生态智慧，到生物学分支学科，纯粹以技术的观点研究自然、利用自然、改造自然，已经为人类生活带来巨大的危险，环境危机，很多都是人类通过技术进步造成的，所以对人与环境和自然的研究是现代生态学的基点。

（2）生态学的核心是关联的观念。生态学和生态关系是两项十分重要的生态内涵。以"生态关系"或"系统关系"为代表的交互关系研究是生态学的科研核心。各种系统关系在内部的具体呈现，换言之，有机体环境适应性的整体表现和一般规律皆为生态关系的根本内涵。以研究有机体与环境之间相互关系，比如系统构成、组成因素、体统功能、转变趋势及互相联系为主要科研内容的学科即生态学，它主要涉及地球表面生命系统、环境系统和社会系统相互关系。

技术提供的扩张性进步是现代化发展的推动力，具体体现在以下两个方面：

一方面，技术把人与自然联系起来，我们现在对自然的认识已经远远超越古人对自然的认识，古人对自然的认识和利用是非常低级的，不是现代意义上的自然。现代的自然是技术向我们呈现的自然，描述自然没有技术是不可能的。18世纪工业革命后，技术进入人类的世界，产生了同自然联系的复杂相互系统。技术促进人类生存发展的能力，生物和化学进步可以使农业中大量使用农药和化肥，提高了土地的利用率，让土地养活了更多的人口。工业化和信息化是技术的产物。

另一方面，技术由于自身专门化，要求建立在相互补充基础之上的合作，因此成为社会的纽带，使人成为社会人。现代互联网技术的发展已经彻底改变了人类社会的生态，人们相互交往方式的易得性，使我们比以前更紧密地联系在一起。比起农业时代的"自给自足"，现在的人类必须相互依存，人类从来没有像现在联系得这么紧密，相互依赖。我们的生活和生存都依赖其他人的存在，我们的工作和其他人的工作，使人类产生广泛的生态关联，成为社会生态系统的一部分。同时互联网也使作为个体的人显得更加渺小，网络另一边那个不认识的人，是陌生的和危险的。在这个庞大的体系中，孤独和缺乏安全感的我们面临着建立新的人际互动关系的基础和准则的任务。

社会学、经济学、政治学、教育学都开始用生态相互作用的理念考察社会、经济和教育问题，提出了人类生态学、社会生态学、污染生态学、城市生态学、生态经济学乃至教育生态学等生态学的分支学科。联合国教科文组织,也把"人与生物圈"的研究列为全球性课题,强调从宏观上研究人与环境的生态学规律。生态学不仅作为学者研究和教学的课题,而且在许多国家已发展成为一种社会运动。

(3)环境和遗传同样重要。有机体所处的环境,对于它在开放的各种选择中决定取舍具有重要作用。环境是对有机体基本的约束。环境已经不仅指自然环境,也开始包括人类本身所建立的社会环境。其对有机体基因的构造,同样有根本性的决定作用。有机体发展不是无限的,是受到很多条件限制的。

进化的趋势是使有机体适合度最优,有机体受到了物理的约束和进化的约束。在进化过程中,一切机体都要服从适应的规律,不能适应的将被淘汰。机体不是被动地继承形式,而是在个体和环境交界处按照环境条件塑造自己。了解这两方面的基本性质及其互相作用,对于理解各种生态系统都是很重要的。

无论从事什么工作,身在何处,我们都是人类与自然组成的"社会—生态系统"中的一分子,这是不争的事实。进化和适应性是"社会—生态系统"重要的规律。"社会—生态系统"中出现、成长、衰退直至死亡等生命活动受到环境直接或间接影响,影响环境的因素被称为生态因子,各个生态因子不仅对"社会—生态系统"中的有机体产生着影响,而且"社会—生态系统"中各因子相互之间也发生作用,既受周围其他因子的影响,反过来又影响其他因子。其中一个因子如果发生了变化,其他因子也会产生一系列的连锁反应。"社会—生态系统"中结构和生态姿势的各种生态因子的总和构成了"社会—生态系统"的生存条件。

当然人类社会生态系统与动物共同体有着明显的不同。进化的趋势是使生物适合度最优,不是最大,不是最好,而是适合,所以动物共同体是相对固定的,主要是按照它们被基因结构所确定的方式来采取行动。相比之下,人类社会是按照高度可变的制度构建起来的,社会必须基于一种明确的目的来加以捍卫和保持。

(4)生态系统理论的应用。从20世纪后半期开始,生态学的重心就转移到了对生态系统的研究中。现代生态学由个体生态学、种群生态学和生态系统学三个部分组成。群落是给定领域内不同种群的混合体,生态系统包括生物群落和与之关联的环境综合而成的系统,主要研究是围绕其结构与功能进行的,目标是通过调控使生态系统达到高效、和谐与相对的平衡。在生态系统中,单一的时间和确定的空间内,各种生态因子之间彼此信息的交流,以及能量的循环和流动形成一个不可分割的自然整体。这些生态因子并不是偶然聚集在一起的，是有规律地组合起来的，不仅各个因子自身对系统起作用，因子之间也相互影响，它们之间息息相关、相互联系、相互制约，一个因子发生了变化，其他因子也会产生一系列的连锁反应。因此，一个生态系统中各种因子之间的关系错综复杂，是一个相对稳定的自然综合体。

生态系统是自然界的基本单位，是生态学中功能上的单位，不是分类上的单位。所以生态系统可大可小，小到一片草地、一个水坑，大到一片森林、一座城市、一个国家，乃至地球生物圈。生态系统理论能够在社会学广泛应用，就是基于这种功能上的分类。比如小到一个学校系统、一片社区教育系统、一座城市的教育系统，大到一种类型教育系统，一个国家的教育系统乃至全球的教育系统，都可以运用生态系统理论来揭示其各部分之间发展、演变、等级和地位关系，解释其相互之间竞争或互利共生、内部自相侵害或者利他主义的相互关系。

关于生态系统在社会科学领域内被广泛应用的主要理论如下：

（1）演替。生态演替标准的定义是指物种组成和群落结构及功能随时间的变化。在一个自然群落中，物种的组成连续地、单方向地、有顺序地变化。生态系统的演替是指系统的类型和阶段的时间变化，也就是阶段论。演替受三个过程的影响：促进、抑制和耐受。系统内部组成成分之间相互作用引发阶段性前进，又称为自发演替或内因演替。生态系统受到外界环境因素影响，引发内部相互作用，使一个系统被代替或发生阶段性变化，称为异发演替或外因演替。

生态发展理论就是生态系统演替理念在社会学科中的应用。发展是一种渐进的有序的系统发育和功能完善过程。用生态中心主义眼光看，系统演替的目标在于功能完善，不在于结构或成分的增长，系统生产的目的在于对社会的服务功效，而非数量或质量。生态系统沿一定方向进行演替，在内外因素作用下向稳定的平衡状态发展，也是可以预测和控制的。

演替的规律可用以分析高等教育发展的阶段性和高等教育的功能性，也可用以分析一所高校的发展变化及目标定位功能性。

（2）机会是重要的。突发事件和意外干扰在生态学中起关键性的作用。一些事件对生态系统影响比较大，甚至会导致系统的崩溃或变异。一些意外的干扰会引发系统跨越某个阈值并发展为另一种态势。但这些事件和意外干扰出现的时间和地点却是随机的，不可预测的。机遇和风险往往相伴而生，对系统是促进发展或是加速死亡，需要生态系统抓住机会，变害为利。

高等教育体系或一所高校的发展机遇和挑战都是共生的。抓住一切适宜的机会，应对挑战，化解危机，促进发展是高校发展战略的主要目标。

（3）可持续性。生态系统是一个错综复杂的系统，系统的结构和功能随时间不断变化。我们都生活在一个"社会—生态系统"中，面对外界的剧烈变化、干扰和打击，系统所做出的反应取决于该系统的特定情境、不同因子间的各种联系以及系统现状。一个有"弹性"的系统，在遭受干扰后回复到维持其基本功能和结构的能力比较强，这个系统就是可持续的。没有弹性的系统，无法恢复系统的功能和结构，系统就会发生退行或崩溃，则是不可持续的。可持续的关键是要增强生态系统的弹性，而非单纯优化利用系统中的个别组成部分。系统的弹性是指系统遭受意外干扰并经历变化后依旧基本保持其原有功能、结构和反馈的能力。弹性思维为我们提供了管理和利用自然的新方法，我们应将生态系统视为一个各组成部分紧密相关的系统，我们也是"社会—生态系统"的一分子。将"社会—生态系统"视为一个在变化中不断调整的复杂系统，并敞开怀抱迎接这些变化。

（二）教育生态学理论

以教育及周围生态环境相互作用的规律和原理为研究内容的科学，即教育生态学，以教育学和生态学为重要理论基石，是教育与生态环境的联系纽带，旨在揭示教育与周围生态环境的交互关系和作用原理。以人为核心的院校教育与环境因素间的相互关联是教育生态学的研究核心。

教育学和生态学相互融合形成教育生态学。作为一门研究教育现象和规律的社会科学，教育学虽然在世界范围内存在了很长一段时间，但是发展缓慢。最近几十年伴随科学技术的突飞猛进，教育学才得到了新的快速分化和发展的契机。以生物与生存环境间互相关联为研究内容的科学即生态学。作为一门新出现的融合性边缘学科，教育生态学涉及教育学和生态学两大学科。它以自然环境、社会环境、规则环境为研究背景，借助和运用教育生态学研究手段，致力于研究人的身心环境所包含的各种生态因素与教育的互相关联，体现了教育的生态框架、生态作用、生态机理、生态规律、行为生态以及教育生态的演替、检测与评估等方面的内容，在内容和方法上与教育学和生态学的其他分支学科交织关联，相辅相成、相互促进。

现代教育生态学研究在教育的不同层面展开，对区域教育生态、大中小学校教育生态、课堂生态、学校家庭和社区之间生态关系、学校变革开展了广泛的研究，但教育的不同层面，可以被视为不同的等级。不同等级之间存在关联，但运行机制却不相同。针对普通教育的学校生态学，同大学校园生态研究是完全不同的区域。

一般意义上的教育生态学研究集中在以下三个方面：

1. 区域教育生态学

区域教育生态学研究起源于美国。原有的教育学在学校框架内研究教育问题已经无法适应，教育失败不能仅仅是学校的事，要看到学校以外的各种教育现象。考察教育问题，同时要考察学校、家庭、住宅区、图书馆、博物馆、夏令营、工厂、电视和网络等社会机构之间的关系，从而诞生了"教育结构"的概念。在特定的时间和地点，组成教育结构的教育机构之间往往是相互联系的，教育机构之间相互影响，同时又与维持它们并反过来受它们影响的大的社会之间相互影响，教育结构也与它们作为其中一部分的社会之间相互影响。

2. 学校教育生态学

西方学校生态学研究学校生态系统内部各个生态因子之间的相互关系，主要关注学校教育问题的生态学研究；学校、家庭和社区之间的生态关系；学校变革的生态学研究。

学校教育生态学研究有四个标准：一是将教学视为连续的互动过程而不是分散的输入和结果。教师和学生的行为是复杂的，受到许多因素的影响，不仅仅是"刺激—反应"的关系。二是生态学研究将教师、学生、家长和教育管理者的态度和感知视为学校和课堂中的重要资料，不仅仅是教师和学生的行为才值得研究。三是关注人与环境之间的互动，将其作为生态学研究的必要条件。四是理想的生态学研究不仅考察学校和课堂下的人与环境相互作用，还考察家庭、社会、文化、社会经济系统对于这些互动的影响。20世纪80年代以来，西方绝大多数的学校生态研究也确实遵循该标准。学校教育的问题有些是生态性问题，不是教育学问题，不能够通过提高教育标准和增加课程资源来解决。学校教育包含目的、结构、课程、教育和评估五个维度，这五个维度结合起来，学校就变成一个相互作用和相互决定的超稳定系统，面对外部压力，很少进行变革或变革非常缓慢。要想变革中学教育，就必须把中学教育当作整体考虑，并把这个系统放在大的系统中，才能进行。

3.课堂教育生态学

对课堂的研究由来已久，是教学论主要研究内容。教育生态学研究者将生态学视角和框架引入课堂研究，将课堂视为一个生态系统，分析课堂教学内部与课堂教学生态环境之间的相互关系，教学研究的生态视角凸显了教学活动之间的相互联系，以及变革单项活动而不改变其他活动的困难。课堂生态学特别注重研究课堂生态系统内部不同生态因子之间的关系，特别是以前被忽视的课堂生态因子与学生发展之间的关系。

近年来，西方教育生态研究从地区生态、学校生态和课堂生态三个方面进行。总之，这方面的研究既注意了横切面的研究，也注意了纵剖面的研究，以定量研究为主。

三、生态文化建设的实践路径

中国是世界上人口最多的发展中国家，在这种情形下开展生态文化建设，符合我国现阶段的发展要求，也是顺应世界生态文化发展的新趋势。新的生态文化创新不仅是对我国经济发展成果的总结，更是社会文明整体的进步。它扩展了中国特色社会主义理论的内涵，是保障中华民族长久繁荣的重要方式。因此，我们需要把世界生态文化相关理论同我国具体国情结合起来，构建具有"中国特色"的生态文化理论和实践路径。

要在我国全面加强生态文化建设，需要改变过去推崇单一经济发展的价值观，引导国民建立生态观，通过全面反思和检讨我国过去以及现存的经济发展方式，传承民族传统生态思想与生态智慧，融合当代文明成果与时代精神，努力实现人与人以及人与自然的和谐共生，推进我国生态文化的繁荣发展。

（一）反思与检讨我国经济发展方式

改革开放40多年时间里，由于追求经济的高速发展，以破坏环境和资源为代价，通过资源的高消耗来实现经济的高增长，并对环境造成污染和破坏。我国以粗放型增长方式为主的经济发展模式弊端显露，已不适应世界经济社会的发展潮流，高投入和高消耗得不到高效率的回报，相反产生了高排放、高污染、难治理等环境问题，主要表现在资源和环境两个方面：

（1）在资源方面，虽然国家幅员辽阔，资源总量相对庞大，但是国内人口数量相对较大，人均资源拥有量相对较少，资源紧缺问题越来越严峻。除此之外，国内的石油进口数量每年都有所提高，相对其他发达国家而言，GDP的能源消耗量明显要高出很多，同时，欠缺科学性、不合理的资源开采、利用、消费模式造成煤炭、石油、天然气等宝贵资源的浪费和生态污染。然而，新型能源和可再生资源的开发利用率相对较低。鉴于以上危机，施行能源节约、降低能源损耗、增强资源有效利用率及研发新兴环保资源是转变国家经济发展模式的关键条件，也是国家迫在眉睫的重要工作。

（2）在环境方面，环境容量有限且环境污染严重，主要表现在大气污染、酸雨污染、水环境质量恶化、工业固体废弃物以及城市农村生活垃圾排放量急剧增加；生态系统十分脆弱；森林资源总量不足，土地肥力下降，全国水土流失严重。这些源于生产和生活的污染在破坏环境的同时，我国公民也在为此付出代价，其生产和生活也受到了严重的危害。

因此，应采取强有力的措施，引导全民建立科学的生态观，全面反思我国多年来耗竭式的经济发展方式，亟待将过去追求单一经济的发展模式转变为人—社会—生态综合发展的生态经济模式，对传统的经济结构进行战略性调整，摒弃过去那种先污染后治理、以环境代价获得经济效益的价值观，以达到经济增长与生态保护的双重目的，共同实现经济、社会、生态效益的多赢目标，借此推动生态文化的繁荣发展。

（二）传承传统文化的生态思想

中国传统的生态文化与当代生态文化建设的内在要求基本一致。中国传统文化中的儒家、道家、佛教都有着丰富的生态思想。儒家文化作为我国传统文化的主流文化，对我国甚至东方社会都产生了极大影响，它从观念、行为、尺度三个方面分别提出了天人合一、兼爱万物以及中庸的主张，这些主张对此后的社会发展起到了重要的作用。道教也从这三个方面提出了其独特的观点，道法自然是道家的基本观念，遵道贵德是道家的行为准则，无为则是其行动的尺度。道家的理念为生态意识的培养奠定了坚实的基础。佛教中有关生态方面的思想理论，是我国传统文化的重要组成部分。它提出了物质的二重性，即凡事均是其本身也均不是其本身，其佛性统一的基本观念、众生平等的行为准则和慈悲为怀的心境影响着人们，教诲他们善待他物就是善待自己，佛教所遵循的理念也从侧面保护了生态物种的多样性。

可见，儒家、道家、佛教蕴含的生态思想，直至今日仍然是我们可以传承的文化遗产。除此之外，传统文化中的生态习俗、乡规民约、各种禁忌图腾均蕴含了很多的生态思想和生态智慧。所有这些均为我们进行生态文化建设、解决生态危机、积累生态文明成果奠定了良好的思想基础，也为我国建设具有中国特色社会主义生态文化提供了很多有价值的理论观念，我们要珍视我国传统文化遗产，并结合当代中国的具体实践把它发扬光大。

（三）强化全体公民的生态意识

所谓生态意识是指人们对人类生存和发展的理性思考的现代文化意识，它是从人与自然的整体优化来看待人类社会发展的，是经济社会发展到一定阶段的必然产物。在价值取向上，生态意识强调人和自然的平等相处、相互依存，并通过这种和谐的关系来规范人们的行为方式，最终实现人与自然的良性循环与和谐发展。在现代社会发展中，它表现为人类追求社会政治、经济、文化发展与生态和谐的美好愿望。公民的生态意识主要包括：公民对生态知识的了解程度，对建设生态文化的态度、意愿倾向及评价，对生态建设的参与程度。公民对生态内涵的深刻把握，是树立公民生态意识的标志之一。

对生态内涵的深刻理解，有利于人类在开发利用资源的时候，意识到自然资源的稀缺性，有所节制，并充分利用。人们有了生态意识，才能在实践中正确处理人与自然的关系，不断调整自身行为，使人类能在自然生态系统中保持生存和不断发展。

对生态的科学认知和评价，以及认同并参与的态度和价值取向起着关键作用，这些从根本上是由生态意识决定的，也就是说，意识是基础，只有打好基础，上层的制度建设及发展模式才会筑牢。

当人们主动投身生态文化建设时，不仅体现了其社会责任感，更有助于社会整体共同建设社会主义生态文化，体现了公民生态意识的成熟。

提高公民生态意识的最为重要的手段之一，就是加强生态教育。可以通过全社会的生态教育，对公民进行正确引导，帮助公民树立正确的生态价值观。生态教育包括生态学知识与理论、生态哲学、生态伦理、生态道德、生态艺术、生态美学、生态文学以及各种生态法规等。通过从不同层面、采用不同方式对公民进行系统性的或分散性的生态教育，可以提高公民的生态意识和对生态世界的理解，也就能够善待自然、善待人类自身，从而养成自觉的生态行为。当然，生态文化建设是一个复杂的系统工程，涉及社会各个方面、各个领域和各方利益。因此，生态教育是一项长期而艰难的工作。所以在生态教育中，要增强公民的体验性，通过切实感受影响公民的价值选择。

具体来讲，我国要在教育过程中让全社会认清生态环境的现状，以及我国在生态文化建设中面临的问题等，要使科学发展观、建设资源节约型和环境友好型社会以及发展循环经济的理论得到公民的高度认知和认同。另外，还要拓宽公民的视野，引导形成生态全球观，即生态问题并不仅仅属于一个城市或地区，它是一个涉及国家甚至国际层面的问题，需要全世界共同努力，统一思想，全球一致对抗，只有这样才能缓解环境问题给我们带来的困扰。可见，提高公民的生态意识极其重要。

（四）构建生态经济发展文化新范式

生态经济发展范式强调范式的不可通约性，它是全新的一种二元模式，从生产方式和生活方式上进行转变。传统的生产方式以牺牲生态环境为代价来获取经济的增长，工业文化影响下的生活方式则是刺激高消费，致使资源浪费来获取奢侈型消费需求，从而在双重非生态化的经济发展范式影响下，导致了国家和地区面临严峻的生态危机。为此，我国生态文化建设的主要任务就是要改变传统的生产和生活方式，减少经济增长对环境产生的负外部性，摒弃高消费和浪费，实现经济发展与生态环境保护的共赢，建立当代生态经济发展文化的新范式。

1. 构建生态化生产新范式

生态化生产新范式，主要是在生产过程中，要尽量采用生态技术和环境技术减少污染物的排放甚至零排放，这些技术的共同特点就是循环技术和低碳技术的应用，同时为了取得经济、社会和生态的综合效益，还应努力推行生态资源产业化范式。

（1）循环技术生产新范式。循环技术生产范式是指在遵循自然规律的基础上，采用有利于资源循环再利用和清洁生产的一种生产方式。可以说，面临严峻的生态环境问题,当今世界的一个主要任务就是寻找适于解决生态危机的方法,生态化的生产方式就是解决当前生态问题的基本途径。传统的生产方式忽视了人与自然的关系,忽视了人类自身的生产、生活方式对生态环境造成的负外部性,造成了社会经济生产和自然的分离。生态化的生产方式把自然再生产纳入人类社会的整个生产体系中,把人类的经济生产活动和自然界相融合。因此,生态化的生产方式不仅要求改变生态价值与经济价值相互分离的观点,这种观点认为在人类的生产、生活实践中,自然生产为经济活动的外部因素,还要求人类将生产实践与自然的物质再生产有机地结合起来,把人类社会的物质生产循环同自然界的物质能量循环结合在一起,实现生态价值和经济价值的双赢。

循环化的生产方式,从某种程度上来说,它强调的是生产系统内的生态循环。而生产系统内的生态循环主要的衡量标准是人类生产系统的资源循环与自然的物质循环是否相协调。与物质循环再生的经济模式是在自然的物质、能量大循环的框架下实现的,要实现社会经济系统与自然生态系统的共生与协调发展,人类的工业、农业生产就要遵循生态化生产方式。生态农业就是农业生产遵循生态化生产方式实现资源、物质循环的平衡,其中资源循环体现在资源在自然、人类、社会、经济之间的循环达到动态平衡,物质循环体现在物质、能量在生产者、消费者、分解者之间的循环达到动态平衡,从而提高整个生态系统的生产能力、消费能力与转换能力。

我国发展生态农业应当建立多层次、多结构、多种类的生态农业开放体系,因地制宜地设计、组合、调整和管理农业生产的系统工程体系,以不破坏食物链为原则,拒绝使用化学肥料,提倡使用有机肥料,拒绝农药、除草剂等,主要依靠秸秆还田、作物轮作等生态方法实现农业循环生产,注重利用传统农业经验和现代科技成果,发展粮食与多种经济作物生产相结合,通过人工设计生态工程形成生态上与经济上的循环,实现经济、生态、社会三大效益的统一。

(2)低碳技术生产新范式。低碳化的生产范式主要是指节能减排降碳技术在工农业以及服务业生产过程中,其目的就是最大限度地减少二氧化碳以及其他温室气体的排放,主要是应对大气变暖、海平面上升的生态环境问题。因此企业在意识到绿色化的重要性时,应培养自主创新意识,培养其专业技术人才,实现技术创新。

2.推广健康绿色的生活方式

全社会不仅要建立生态化的生产方式,还应当推广与生态文化要求相适应的健康生活方式。因为,生产和消费相互作用推动了经济的发展,生产决定消费,但消费对生产也具有反作用,健康的消费方式有助于实现经济发展模式的转变。因此,生产方式变革,随之带来的必然是生活方式的变革。随着生产方式由粗放型转为节约型模式,生活方式也相应转变为绿色、高效、附加值高且富有意义的绿色生活方式。通常来说,生态健康的生活方式,主要从以下方面做起:

（1）建筑设施绿色化

第一,有效推进建筑设施节能降碳,因地制宜,优先支持节能玻璃、陶瓷薄砖、节水洁具、高性能混凝土、部品部件、绿色化学建材、绿色墙体材料、外墙保温材料等绿色建材发展。根据全国各省市的地形地貌、气候特征,大力推进建筑节能改造,重点改造建筑门窗、屋面、外遮阳、自然通风等,合理利用土地,杜绝空间闲置现象,推进"绿色机关""绿色校园""绿色医院""绿色饭店"建设。切实抓好新建建筑节能工作,新建建筑严格按照绿色建筑标准执行,推进"绿色城镇""绿色民居"建设工作。

第二,基础设施的绿色化建设是推动城市绿色化进程的基础。在进行基础设施绿色化改造时要注意两个方面:①城市整体布局应合理,对不同部门的公共管道、线路进行集中建设和管理,便于协调和维护,城市排水系统应重点布置,做好污水回收、过滤,垃圾处理等工作,同时要将城市改造成为"海绵城市",防范严重的内涝现象频繁出现。②加强防灾减灾体系建设,提高气象、地质、地震灾害防御能力。

（2）生活消费绿色化

绿色消费是生活方式绿色化的重要标志。随着我国经济的不断发展,人们的购买力不断提升,消费绿色化的问题也逐渐凸显。绿色消费指消费者在消费过程中承担保护环境的社会责任,从而采用的一种理性消费方式。消费绿色化是可持续发展的内在要求,也是生态文化建设的必然要求。追求适度消费的生活方式,提倡节俭的生活方式。在每一个具体的消费行为上,要倡导"光盘行动""拒绝食用野生动物"。只需要自我一点一滴地改变,整个社会便能形成良好的消费风尚。

（3）交通出行绿色化

交通出行行为绿色化。其中一个重要的措施就是鼓励居民出行使用公共交通，减少私家车使用。目前很多城市都配置了城市交通系统，如地铁、公共汽车、BRT等公共交通工具，有的城市还配置了规定时间内的免费借用或出租自行车低碳环保类交通工具。若能长期继续保持这种绿色出行方式，对广大民众养成绿色出行行为有着非常重要的指导作用。

四、生态文化建设助推文化育人

（一）优化物质文化建设，突出育人效应

生态文化建设的关键支撑、主要组成部分就是物质文化建设，它凝结着社会、文化、历史等信息，并且反映了学校的文化价值理念，特别是学校教育目标的价值取向，"既为生态文明发展壮大助力，也能更好地以文化育人"[1]。恰当的绿化美化、建筑风格、校园布局乃至在环境中包含的人文气息，都是静态的育人载体，对沉淀高尚的校园文化、启迪智慧、陶冶师生情操有着潜移默化、耳濡目染的功效。

高等学校的教学教育活动的场所就是大学校园，它不仅营造出了教育主体的精神氛围，还为教学教育活动提供了现实物质条件。

校园是教育人的环境，拥有着潜在的育人价值、教育功能，这是教育学中的基本知识。所以，校园环境的打造应该有一定的教育知识、文化色彩，应当赋予校园内包括树木花草、楼堂馆所等在内的环境、设施、建筑以丰富的文化内涵，让学校内的一切事物皆能够体现其精神、个性，使校园的所有角落都发散着高校所特有的知识殿堂般的肃穆、庄重以及大学的不俗品质、辉煌历史，每时每刻都能体现高校的进步、文明、科学。一个格调高尚、环境优美、现代和传统交汇、自然和人文和谐的大学现代化校园，会给人奋发图强的感受以及高雅的文化体验，让在此生活的人们悄无声息地受到教化。

（二）增强精神文化建设，提升师生形象

生态文化建设的精粹与关键，就是精神文化建设，它表现出了校园生态文化

---

[1] 何义霞.高校生态文化建设的有效路径研究——评《高校生态文化建设与文化育人路径探索》[J].领导科学，2022（05）：151.

的本质、目标，也是校园生态文化里最有意义的部分。宗旨、学风、传统、校风、教风、办学理念等软环境，是校园精神文化的含义。它促进了校园育人价值的和谐发展。因此，可从以下方面来增强校园文化建设：

第一，加强创建校园精神。校园精神文化的重心就是校园精神，它也是师生显现人格风采的群体意识，是师生在文化实践活动中独有的心理素质。作为深层次的精神文化，校园精神倘若形成，会对师生有着十分重要的影响，而且还有着长期的继承性。校园精神品格将会对学生产生耳濡目染的熏陶，它的结果将会在师生的行为方式、精神状态、价值观念中体现出来。自我运动的根源即是学生的信念、精神，大学生在学校受校园精神的陶冶所产生的精神动力，不仅会影响他们的学习，还会影响他们未来的事业以及生活。

第二，增强学校校风建设。师生在长期的校园生活中产生了拥有自己特色，并且相对稳定、相对一致、在学校占据核心地位的风气，即校风。优良的校风应该发挥着教育功能。学校通过各样形式、介质，把当今社会所提倡的行为标准、道德规范、价值理念用感化、熏陶、塑造、启迪的方法，耳濡目染地规范、指引学生的思想行为，帮助他们树立正确的价值观、人生观以及科学的世界观，坚定社会共产主义理念，使其拥有优良的文明行为、道德品质，进而在学生中产生团结互助、遵纪守法、尊敬师长、积极向上、爱党爱国、勤奋好学的优良风尚。

第三，展开卓有成效、多姿多彩的学校文化活动。学校生态文化建设的重要承载就是普遍、深入地展开多种多样的群众性学生团体、文娱、学术、体育和科技活动。通过多样的活动，让学生能够施展特长、发展爱好兴趣，而且，能够在多样的创造性活动中发掘学生的潜在能力，让其加强自信、提升文明素质、充分认识自己。文化活动为师生提供了必需的、可发挥的、展现个人才能的条件，给予了学生接受训练、教育的机会，对学生产生了积极的教育影响，形成了良好的育人作用。

第四，增强思想政治教育在校园精神文化建造的主导作用。在思政教育这一方面，教师应该以体育、文娱、科技等社会实践活动为介质，以爱国教育为主题，坚持以理想信念教育为核心，形成校园生态文化活动的新格局。同时，教师亦可以在教授文化科学知识时，把崇高的道德情操、科学的价值取向、积极的生活态度汇入课本知识中，使之能够在教书的同时达到育人的目的，通过耳濡目染的方式对学生的思政教育起到积极作用。

（三）促进制度文化建设，建立管理机制

学校及校内组织在对学校的规章制度的制定实施，并让这样的外在制度内化成师生个体意识的过程，称之为校园制度文化建设。

第一，增强制度建设。拟定适合学校精神文化、物质文化的多种学校文化制度，在拟定的过程中需契合党的教育方针，符合国家政策，还需表现出合理性、严谨性、可行性、科学性，在实施的时候应认真负责，并掌握好尺度。

第二，把制度转变为师生的积极行动。校园制度文化的核心、方向，就是规章制度的内化，就是被师生员工用心执行、自愿遵循。所以，校园生态文化的构成部分虽有校园制度，但校园制度并不可顺其自然地成为校园生态文化的一部分，它的功能、作用能不能被表现，关键在于它能否被师生所接纳。这就必须增强对学校制度的宣传贯彻，同时引导师生强化监督、检查，增强管理，借助奖惩手段推进外在文化向内在文化的转变，体现出校园制度文化在校园生态文化建设中的影响。办学理念、大学精神的外在体现就是制度，制度又造就了校园的文化氛围。学校必须完全发扬制度文化在行为、思想养成中的育人作用，提倡依照规则办事、依法办事，加强师生的制度意识，增强法制教育。

总之，学校生态文化建设，应该以优良的育人环境教育学生，以实施素质教育、引导学生全面发展为方向，以创新精神为关键，在浓厚的素质教育氛围中，改进、营造素质教育的育人环境，研讨、建设学校生态文化，以便完全施展出校园生态文化中不可小觑的育人功能。

第二节 生态体育及其对生态文明的价值

一、生态体育的特点

生态文明形成于工业文明之后，是人类文明发展的新阶段，是新的文明形态；生态文明是人类物质文明和精神文明的总和，生态文明遵循人与自然、社会的和谐发展。生态文明的基本宗旨是促进人与自然、社会的和谐共生、持续发展、全面发展以及良性发展。人类为了构建美好的生态环境和保护生态环境取得的制度

方面、精神方面以及物质方面的总成果，此成果始终贯穿于社会建设、经济建设、文化建设以及政治建设的全方位的系统工程中，并反映社会文明的进步状态。其中，评价生态文明建设的指标包含四个方面：生态制度、生态经济、生态文化以及生态环境。

生态体育充分展现了人与环境、人与体育无法分割的关系。生态体育将绿色体育产品和绿色体育服务有机结合。在生态体育中，"生态"的含义不仅仅是指自然环境，还包含生态化、自然化的社会人文含义。生态体育倡导的理念是人们要多亲近大自然，在自然环境中锻炼身体，此外，生态体育也将可持续发展理念和忧患意识相统一，形成多元化、开放化的社会动态系统。体育生态文明给人们提供了体育生态化的思维方式和理论基础，形成了崭新的世界观和方法论。

生态体育主要包含以下几个特点：

（1）生态体育是环境友好的体育，应该强调人与自然的一体化发展，强调人与自然的协调发展，打造友好型体育。

（2）生态体育是提供环境福利的体育。生态体育强调生态，应该对地理环境的良性发展以及生态环境的绿色发展提出较高的要求。即使自然环境和地理环境都比较好，可以给人很高的健身福利，人们也应该共同保护环境。

（3）生态体育是可以促进人文创新的体育。人文创新表现的是人对价值的认知。事物发展的基础都是建立在社会健康和个人健康的基础上，因此，人的健康状态不仅与个人有关，也和一个国家的综合素质有关，还和社会的发展状态有关。

（4）生态体育是多元化群型的体育。生态体育扎根于广大人民群众的生产生活中，每个人都可以参与到生态体育中，在生态体育中表现自己的行为。因此，生态体育是多元化群型的体育。

（5）生态体育是建设型的体育。一方面强调建设环境，另一方面强调重建人体综合素质。在重建人体健康系统时，可以从生态体育的路径、概念、内容等方面出发。

（6）生态体育是低碳型的体育。环境保护需要建立更好的生活环境，主要包括城市环境和产业环境。低碳体育与人们的日常生活息息相关，比如平常的低碳出行，骑自行车出行。

二、生态体育对生态文明的价值

第一，生态体育体现了现代社会环境需求理念。生态体育融合了主客观环境中所有的有利因素，其内容丰富、亲近自然、形式灵活，不仅能提高人类的参与兴趣，而且顺应了自然规律——"自主性、自发性、自觉性"，重视社会发展需要与个性发展需要的协调与统一。

第二，体育生态化符合时代发展的要求。体育生态化是人与自然和谐的内在要求；是人与社会和谐的客观要求；是人的身心健康和谐的基本要求；是推进体育教育事业的可持续发展的大趋势。

第三，生态体育有利于培养人的思想情怀。在生态体育的大环境中，利用日光、空气、水等自然条件，给处于紧张劳作的人提供了一个神经放松、感情放流、充分表现自我的有利环境。利用生态体育元素的覆盖和渗透作用，以"润物细无声"的形式加强了人类身心等健康的优化。

第四，生态体育有利于人培养良好的合作意识与团队精神，促进个性的全面发展。体育运动通过多种组织形式实施于参与者，提供了广阔的人际交往的大环境，使个体的生理和心理发展受到了积极的影响。它能够通过多种多样的身体活动方式满足人的生理和心理需要，优化人的体质、调节人的心理情绪、磨炼人的意志、培养人的合作精神与竞争意识，使其具有良好的人格魅力与个性品质，增强了人的社会适应能力，推动了心理的发展，增进自我意识的形成。

第五，生态体育促进人的自我认识，树立正确的人生观、价值观和世界观。生态体育是提高体育文化生活的重要手段，满足和丰富了人的业余生活文化，是培养与提高人类综合能力，拓展社会实践能力的平台；是开展素质教育的基础；也是构建和谐社会的一个重要理念。有利于引导人们树立正确的世界观、人生观、价值观，促进人们"公平、公正、和谐、竞争、崇尚科学、善于思考"意识的培养与提高。

第六，生态体育促进和谐生态社会环境。生态体育的发展，有利于提升社会文化的内涵，推进"和谐社会、生态环境"的建设步伐。社会生态文化对人的思想观念、价值取向和行为方式等发挥着潜移默化的作用。

第七，生态体育有利于推进社会的体育教学改革。生态体育是人们在自然环境下进行的一种以一定的身体活动形式为手段，产生最佳心理体验的，有意义的自然活动方式。"和谐社会、生态体育"不仅可以转移和缓解人的生活、就业等方面的心理压力，还可以在大自然中获得轻松愉快的交际环境，使人们在"和谐社会、生态体育"的社会环境中充分释放潜在的心理负担。

第三节　生态体育教育的意义与建设措施

一、生态体育教育的重要意义

（一）有利于培养后备力量

体育教育本身的功能就兼顾了发扬国家的精神文明，在新时代的发展过程中，在僵化的应试教育以及当代人的特立独行的思想观念下，传统意义的体育教育已经无法吸引人们的注意，所以，不管是文明精神的效果还是野蛮体魄，不被重视的结果都会变成一纸空谈。人的身心发展紧密相连，身体的衰弱必定无法支撑人的精神，生态体育教育强调对生命的尊重，强调觉醒人的生命意识。当人自爱自强时，就会引起与其他生命的共鸣，最终形成社会意识和衍生意识。

积极建设生态体育教育可以有助于从意识层面和现实层面引导人们改善思想观念和认知，可以使人们的身体素质提高，进而为国家的发展和未来的建设储备强大的后备力量。

（二）有利于实现生态文明社会

生态体育教育理念的产生来源于人类对生态环境问题的反思，人类深刻认识到：人类起源于自然，也终将会回归自然，在整个过程中，如果想要更好地生活，人类应该学会与自然友好相处，保持亲近的关系。最初，人和自然是和谐亲近的，但是随着社会的不断演变，人的欲望和野心不断膨胀，人类与自然的关系逐渐对立。也正是因为自然环境给予人类社会的反馈，让人类意识到保护环境的重要性，产生了生态学的概念。生态体育教育理念的产生是基于人类对人类与环境关系的反思，此种反思也是与传统的体育教育理念的区别和领先的根源所在。

二、生态体育教育的建设措施

生态体育教育是时代进步发展的产物，在社会进步发展的过程中，人类的生命意识和自然意识也在不断觉醒，这些意识鼓励着学生不断接触和感受大自然，充分感受与大自然的亲密关系。大学生可以在自然环境中汲取力量和精神，增加对生命的热爱和人生的自信，精神力可以引导学生追求更好的生活，从而促进大学生的身体健康和精神健康。

（一）明确课程定位与教学目的

明确课程定位是指在体育教育的过程中充分展现体育运动的趣味性和健身性，培养并提高学生的运动习惯和兴趣，并且，对当下的体育课程考核方式进行改革，不再以分数衡量学生的学习成效。

首先，无论是从什么角度审视生态体育教育的本质，其根本属性依旧是体育教育，必须明确这一定位。体育教育具有趣味性、健身性和竞技性。在高校的体育教育中，教育的主体是非体育专业的大学生。在他们看来，体育锻炼的作用就是强身健体，并且在锻炼的过程中让自己感到愉悦。对于一些运动记录挑战和极限挑战，有兴趣和有能力的学生可以多尝试，但也不强求。因为相比于专业的运动员来说，普通大学生的身体素质以及公共体育教育师资、基础设施等都与专业运动员存在差距，一不小心很容易造成伤病，所以学校并不提倡强度太高的专业训练。但这并不是不鼓励学生突破自我和培养攻坚的精神，更重要的是强调量力而行，不能盲目冒险。如果是专业能力较强的学生，学校非常鼓励他们勇于挑战自己，也会给予专业的支持和指导。

其次，对高校的体育教育考核方式进行改革。当下，高校的体育课程增加了很多专业内容，学生可以选择的内容变多，但是因为各种原因，很多大学生并没有什么体育特长，而课程的成绩又是打分制，对于要求有一些基础的体育课程，学生都不会选，都会选相对容易的课程，所以，即使内容变多了，很多的新课程还是很少有人参与。

从人性化的角度出发，每个学生都是独特的，每个学生的体质都不同。例如，一个学生的体质本身就很差，入学的时候，800米最少要跑七八分钟，通过一个学期的练习，在期末测试的时候，他可以把时间控制在五分钟以内，毋庸置疑，这就是进步。换言之，如果学校硬性要求学生期末成绩必须跑进四分钟，这种要求对这个学生来说就不是教育,而是伤害,他的身心都会受到伤害和打击。从体育教育的趣味性和健身性出发,学生本身就可以凭借自身意志和兴趣坚持体育训练,不断提高自身的身体素质,在这种情况下,即使最后的成绩不是很理想,但是,整个练习过程值得肯定和鼓励。整个过程中,学生都是尽自己最大的努力做到最好,并且,学生从中提高自己的身体素质,磨炼自己的意志,已经达到了生态体育教育的初衷。如果只是用分数来衡量成效,不但会影响学生的积极性,也不符合生态体育教育的理念。

高校为了培养学生多样化的体育特长和体育兴趣,在体育课程中融入了很多丰富的选修内容,如果因为考试限制学生的选择,无疑违背了开设体育选修课程的初衷。从思想教育的层面出发,体育运动的效果并不能立竿见影,需要长时间的坚持和付出,对学生来说,体育运动可以很好地磨炼意志。

所以,高校构建生态体育教育模式的第一步是找准定位,明确教学方向和目标。体育教育的考核方式应该重结果的同时重过程,应该将重点放在平常的训练以及训练过程中的变化上,这比直接以分数反映教学成果更有益于激发学生的积极性。作为教育者,应该明白分数只是暂时的结果,并不代表学生的具体学习情况,教育者应该关注的是学生是否形成了运动的习惯和"坚持"的意识,这才是生态体育教育最重要的目的。

(二)追加资源投入,完善设施建设

生态体育教育的构建要求高校教育者从实际出发,加大高校体育教育资源的投入,可以将学校体育场馆的面积扩大,不断完善基础设施,加强体育场馆的管理,及时更新和维护场馆的设施设备。

对很多高校来说,要做到这一点还有一个最大的困难——很多高校本身的占地面积较小,没有多余的建筑面积,并且,在推进扩招计划的过程中,很多高校本身的宿舍资源非常紧张,更无法腾出空间建设体育场馆。单从场地问题来看,有一部分学校的体育场馆向社会开放,通过整合社会资源,资源紧张的学校也可以通过社会资源满足自身的需求,还可以和学校周边的体育场馆协商合作,寻求相对优惠的解决方式。由此,既可以缓解资源紧张的问题,又可以减轻学生的经济负担;并且,因为校方的参与,可以保障学生的权益和安全。学生属于体育场馆比较固定的顾客源,对体育场馆来说,可以保障收入,提高场馆设施设备的利用率，避免造成资源浪费，此种解决方法非常符合生态学思维和高校生态体育教育的发展要求。

（三）增加课时量，帮助学生培养运动习惯

当下，大部分高校安排体育课的时间是每周两节课，时长是 90 分钟，但是因为缺乏运动习惯，这个数字基本就是大学生一周的运动量。健康的生活方式应该是一周运动锻炼三到四次，每一次 30 分钟到 60 分钟之间。按照健康的标准，高校应该适当调整大学生的体育教育课时，把原来一周两节课调整为一周四节课，如果条件允许，还可以增加到六节课，并合理地调整每节课的时长。由此，大学生就可以形成一周至少运动三次的习惯，进而帮助学生保持身心健康，并且，在教师的现场指导下，还可以有效地避免出现损伤身体的问题。

此外，除了正常的体育训练，高校还可以在原来的基础课程中增加健身课程，让专业的健身教师指导，指导学生合理健康地运动健身。目前，大多数学校周围都有不少健身房，但是去健身房训练需要学生具有较强的自主性，并且，健身房的消费也比较高，所以很难在学生中普及健身课。另外，学校在安排体育健身课程时，可以将主要的教学内容设置为徒手健身，以减少场地压力，也不会增加太多的经济压力，而且也方便学生自己练习，除此之外，非器械类的运动更符合生态体育教育，因为此种运动方式不会对生态环境造成负担。因此，把运动健身加入平常的课程可以达到事半功倍的效果。

从某种意义上说，高校增加体育课程的课时量是在强制干涉大学生的日常体育训练，所以，在试行前期，可能会有学生不满，但是为了长远的发展，这种手段可以让学生受益终生。所以，在推行这种教育模式时，教育者应该多与学生沟通，了解他们的想法，引导他们形成积极的运动习惯，并以丰富有趣的课程形式激发学生的兴趣，由此帮助学生开启健康的生活方式。

（四）增加户外拓展课程，鼓励学生亲近自然

首先，构建生态体育教育模式注重的是"生态"，那么，构建的过程必定要回归自然。大自然对现在的很多大学生来说是陌生的，大部分大学生对大自然的印象依旧停留在城市的动物园和植物园以及旅游景区等地方。这些大自然元素无法代替真正的大自然，也无法让大学生对大自然和生命产生敬畏之心。生态体育教育正是从这一点出发，强调唤醒大学生的生态意识和生命意识，激发大学生保

护生命和大自然的欲望，引导学生形成正确的生态观和生命观，珍惜生命的同时敬畏自然。但是，从心理学的角度出发，人只会在乎和维护属于自己的东西。在当下的教育模式下，学生基本框定在校园内，以前，学校也组织过一些春游、秋游活动，但是出于安全考虑，很多都取消了。

早期，人们开设的体育课就是想让学生在自然环境中锻炼身体，参加体育运动。人的生命源于自然，是自然孕育了人类，人类的生存发展都离不开大自然的哺育。虽然现在可以通过科技造就体育场馆，让学生不受风吹日晒，但是，先进技术无法代替大自然给学生带来的震撼。所以，在构建高校生态教育的过程中，应该在教学中加入户外拓展内容。我国自然资源丰富，可以开发的生态体育资源也很多，各大高校可以根据各自的地域特色设置课程内容。比如，山地为主的地区可以组织登山、攀岩等活动，水资源丰富的地区可以组织划船、龙舟等活动，海边的地区可以组织沙滩排球等。

正是得天独厚的地域差异性让户外生态体育活动变得丰富多彩，大自然的馈赠可以让大学生充分地感受和接触自然，感受生命的伟大，当学生真正置身于广袤无垠的自然环境中时，可以真切地感受生命的珍贵。当学生的情感共鸣被大自然牵动时，只需要教师的一点引导，就可以激发学生对生态的认知和思考，并不断唤醒学生的生态意识和生命意识。读万卷书，行万里路的真谛就在于此。

除此之外，大学生大部分的时间都留在学校，都是在室内，户外拓展训练可以让大学生对大自然产生敬畏。相比于室内的训练，户外拓展训练的强度更大，但是，户外训练产生的积极性和热情可以抵消一部分身体的疲倦，既能磨炼学生的意志，也能提高学生的身体素质。

（五）加强高校生态体育文化建设

第一，文化教育是润物细无声的过程，它的最大震撼力就是可以在潜移默化中改变人对事物的认知。在教育中谈及文化教育和思想教育，大部分大学生可能想到的就是思想政治教育，但事实并非如此，文化教育不单是思想政治教育，还包含很多形式多样的教育内容，包括体育教育，体育教育的运动内容以及训练方式等都是文化传播的媒介。并且，丰富多彩的体育文化也是体育教育中的魅力所在，可以让学生充分感受体育文化的热情和魅力。不管是教育还是文化，它们的主体都是人，所以，在构建生态体育文化的过程中，最重要的就是激发学生参与体育活动的积极性，并充分了解学生的体育运动的需求。

　　第二，通过多元活动展现文化。运动的概念非常丰富，除了打篮球、踢足球、跑步等运动以外，还可以组织学生在校园里种植花草、维护体育场馆的基础设施以及清理场馆等，除此之外，还可以组织一些生态体育文化建设的活动。通过这些活动，学生可以为建设绿色校园贡献自己的力量，也可以深切感受维护工作和清洁工作艰辛，在以后的训练中会更加爱护和珍惜设施设备。

　　第三，大学阶段是学生建立世界观、人生观、价值观的关键阶段，大部分大学生第一次离开父母独立生活，此时的他们都非常缺乏安全感，非常想要找到一个精神寄托，需要正确、耐心的指导，不管是学习、生活还是人际关系，都需要正确指导。只有在正确的指导下，学生们才能形成健康积极的生活方式。关键阶段不管是对学生个人发展、学校教育发展还是社会发展都是良好的发展契机。所以，在构建高校生态体育教育的过程中，得到大学生的普遍认同以及建设校园文化都非常重要。

第五章 体育生态化建构及其可持续发展

新时期背景下，推动体育生态化建构、促进其可持续发展，对于推动体育文化的发展至关重要。本章主要研究体育生态系统建构与服务、高校体育文化的生态化建构、大众体育生态环境的可持续发展。

第一节 体育生态系统建构与服务

一、体育生态系统的一般结构

结构是指系统要素间相对稳定的关联所形成的整体构架，是系统内部要素的构成方式。如细胞包含细胞膜、细胞核、细胞质三大部分，它们按不同的方式组成世界上各种各样的细胞，研究细胞结构是生物学的基本内容。计算机是一种典型的人造系统，人们在组装和使用一台计算机时必须了解它的软件和硬件结构，比如计算机硬件包括CPU、主板、硬盘、内存、显示卡、机箱、键盘、软驱等；一台多媒体计算机还要包括光驱、声卡等。不同的配件，不同的组合方式（主要由主板的总线形式所决定），计算机的功能有很大区别。无论是宏观世界还是微观世界，一切系统总是以一定的结构形式存在着、运动着和变化着。

生态系统结构主要指系统中具有完整功能的自然组成部分。体育生态系统结构主要指构成体育生态系统诸要素及其量比关系，各组分在时间、空间上的分布，以及各组分能量、物质、信息流动的途径与传递关系。体育生态系统的结构，按时间维度来划分，可分为体育观念、体育动机、体育目标、体育实施（体育教学、体育锻炼、运动训练、运动竞赛、体育娱乐）和体育效果（身体的、心理的、社会的、道德的）等，每一环节又都有自己的过程要素，按年龄特征分为少儿体育、成年体育、老年体育等。

只有体育生态系统各要素之间保持合理的比例关系，体育生态系统内部要素与相应的环境之间保持合理的比例关系，如体育场馆设施布局对生态环境的影响，社会体育、体育教育与竞技体育的协调发展，竞技体育与社会体育在体育资源配置上的比例关系，城乡体育资源的合理配置，体育人口结构的合理构成，体育在不同地区的平衡发展，体育院校的专业设置与社会的体育需要合理比例关系等，才能既形成体育生态系统内部的良性循环，使系统内各要素发挥各自应有的功能，又形成体育生态系统与社会各子系统之间的良性循环，发挥体育生态系统在整个社会大系统中所应发挥的功能。

（一）体育生态系统的层次结构

世界是分层的，系统的结构也是分层的。所谓的"物以类聚，人以群分"。生态系统的层次结构理论是基于20世纪60年代以来逐渐发展形成的层级理论而确立的有序结构体系。任何系统都属于一定的层级，并具有一定的时间和空间尺度。一个复杂的系统由相互关联的若干亚系统组成，各亚系统又是由各自的许多亚系统组成，依此类推，直到最低的层次。

层次划分的基础是事物间的某些共性，但具有相同共性的事物或元素不一定形成一个独立的层次，这说明它们所具有的共同特征必须是特殊的，反映问题或事物共同本质的特征。相同体重或身高的人，不一定构成社会的一个阶层。社会阶层总是按一定的社会分工、社会地位来进行划分的。体育生态系统层次的划分，依据研究对象的范围，以体育生态系统作为研究对象，体育生态系统的层次结构可分为三个层面：①宏观层面的体育生态系统是探讨体育生态系统与社会的政治生态系统、经济生态系统、教育生态系统、文化生态系统、军事生态系统等系统环境的相互关系或演化背景；②中观层面的体育生态系统是探讨体育教育生态系统、竞技体育生态系统、大众体育生态系统、体育组织、一定地区的体育与体育生态系统和当地自然社会生态环境的关系；③微观层面的体育生态系统是研究不同的体育运动参加者个体与其相对应的自然、社会或价值环境的关系。从这三个层面进行探讨，实际上昭示了构成整个体育生态系统的三个重要因素，即人、体育（活动）、环境。体育生态系统实际上正是由这三者构成的复合生态系统。

（二）体育生态系统的营养结构

体育生态系统的营养结构是指体育生态系统中生产者、消费者、分解者之间以体育目标为纽带所形成的营养链，包括物质和能量流动的途径和量比关系，是体育生态系统中物质循环、能量流动和转化、信息传递的主要途径。

体育生态系统是一个开放的系统，它与社会生态系统不断地进行物质与能量交换，与其环境相互作用。其营养路径是由社会生态系统输入人才，体育活动主体（人才）带着资金、物资及各种政策、规范和信息，经过生产者的生产过程、消费者的消费过程、分解者的分解、消耗、转化过程，体育生态系统输出产生作用于活动者自身（身体、心理、社会适应）以及社会的体育效果，这样就完成一次循环。同时该体育效果又可孕育新一轮循环，即上一次的体育效果是否达到体育活动主体的人的预期目标，达到产生新的体育目标进入下一轮循环，未达成则会为实现体育目标而引导主体的人进入又一轮循环，形成一个闭合的回路。体育生态系统不断循环、生生不息，从而实现体育生态系统向社会生态系统输出体育人才、改善全民素质、丰富人们的精神文化生活目标，提高人们的生活质量。

体育生态系统是耗散结构系统，具有耗散性。个体的人和体育组织不断吸收并消耗能量。在体育社会系统中，人们从青少年或壮年时加入体育活动群体，到衰老时必然退出，这样的过程不断出现，产生新的循环。同时社会大系统不断向体育系统注入资金、物资及各种政策、规范和信息，以保持系统的相对有序，或者保持系统的稳定状态。

（三）体育生态系统的时空形态结构

体育生态系统的时空形态结构指体育生态系统组成要素或体育形态在空间上和时间上的不同配置和分布变化特征。

生态系统的时间结构是生态系统中的物种组成、外貌、结构和功能等随时间的推移和环境因子的变化而呈现的各种时间格局，反映出生态系统在时间上的动态。体育生态系统的空间结构是体育生态系统中的各要素、结构和功能等随时间的推移和自然环境、政治经济、风俗习惯等环境因子的变化而呈现出的时代格局。

体育生态系统的演变，烙下了深深的时代痕迹。1860年前后，体育生态系统的构成要素中仅有体育教育，随着时代发展和需要，为满足人类的竞争性，又体现对和平的期待，人们将两者结合，产生了体育的竞技活动，体育生态系统的组成要素增加了竞技运动。20世纪60年代，科技的进步、经济的发展、物质产品的丰富和余暇时间的增加，人们开始关注和重视人类个体的发展，关注提高个体的生活质量，开始提倡大众体育，使体育生态系统形成体育教育生态系统、竞技体育生态系统、社会体育生态系统三个子系统的格局，体育生态系统的结构发生改变，功能也得到拓展。

不仅如此，体育生态系统的功能也随着社会生产方式的发展而变化，生产力的变化使得体育运动的社会价值变得越来越重要。由于生产力水平的标志反映在生产工具上，因此一定时期的生产工具水平必然要求与之相应的劳动力人口。人类的生产工具从石器、铜器、蒸汽机、电器进入电子计算机和智能化电脑时代，从石器时代经铜器时代到铁器时代，基本上是体力劳动时代。从蒸汽机到电器时代，则是一个不断发展的机械化劳动时代，劳动工具开始为人类提供能源，于是有了大量脑力劳动的参与。计算机时代则标志着人类劳动开始进入信息化时代，这种劳动工具是对人智力的补充。

不同的劳动工具对人的身体产生不同的影响，也对体育提出不同的要求。伴随着社会生产力的发展，人类逐渐由运动状态的体力劳动向安静的伏案状态的脑力劳动转化，致使整个人口中出现了以脑力劳动者为典型的"肌肉饥饿""缺乏运动"等现象，这种变化之所以会对人类身心健康产生巨大影响，在于脑力劳动的增加从总体水平上越来越削弱了人类固有的运动技能，大大改变了人类正常的生物适应能力，大量产生以心血管、脑血管疾病为主的"文明病"侵蚀着人类的身体。正是为了对抗对人类健康的巨大破坏，减缓由此而引起的社会健康危机，体育运动才有了真正走向社会并得以迅速发展的历史依托。

现实中的体育实践是复杂多样的，体育生态系统的空间结构因环境的不同呈现不同的区域特色，表现了体育生态明显的水平结构特征，研究此结构特征有利于把握体育分布的格局。哈尔滨的冰雪项目、武汉的水上项目、辽宁的中长跑等，形成了与各地的自然环境相适应的优势项目。不同民族、不同国家、不同地区、不同组织、不同群体、不同个体所开展的体育活动，由于各自所处的环境的不同而赋予其区域性的特色，就有了中国的传统武术、日本的相扑和空手道、法国的自行车、美国的篮球等。

二、体育生态系统服务

生态系统服务是指由自然生态系统的生物、物种、生物学状态、性质和生态过程所生产及其所维持的良好生活环境对人类的服务性能。生态系统不仅为人类提供了食品、医药及其他生产生活原料，更重要的是维持了人类赖以生存的生命系统，维持生命物质的生物地球化学循环与水文循环，维持生物物种与遗传多样性，净化环境，维持大气化学的平衡与稳定，在人类生存与现代文明中具有重要意义。生态服务一般是指生命支持功能。

体育生态系统作为社会生态系统的一个子系统，作为一种自觉改善自我身心和开发自身潜能的社会实践活动，通过提高人的身体素质，促进人的心理健康和社会适应能力，并服务于人类，同时直接、间接地影响全社会的可持续发展。体育生态服务是指体育生态系统的知识、观念、手段及过程所创造的物质和精神财富对人类的服务性能。

体育生态服务的内容主要有以下方面：

（一）健身服务

体育在它的产生之初有使人强身健体的作用。现代社会，体育已经起到越来越重要的作用。人类在改造自然、征服自然、走向现代化的过程中头脑越来越发达，越来越复杂，但肢体运动越来越少，人类机体的生物学能力不断退化，结果造成人类自身的难题：文明病、肥胖症、精神高度紧张、肌无力等疾病侵蚀着人类的有机体，威胁着人类的健康。体育恰好成为化解这些困扰的良方之一。人们通过参加体育活动，达到强身健体，提高人体的适应能力，调节人的心理，促进个体心理健康，让人们重拾健康，促进人类的良性发展。

（二）休闲、娱乐服务

休闲、娱乐是人类行为中最能给人以自我满足的一个方面，也是人们在相对闲散的时间里自由、自愿进行的、使身心愉悦的活动。休闲、娱乐之所以重要，是因为它与实现人的自我价值和"精神的永恒性"密切相关，在人的一生中都是一个持久的重要发展舞台，是完成个人与社会发展任务的重要思考空间。

体育为人类提供了一系列休闲、娱乐的内容和方式，体现了人的存在价值。

体育休闲、体育娱乐在人类众多的娱乐形式中具有特殊的作用。一方面，这种休闲娱乐形式与人的自然属性紧密地联系在一起；另一方面，它又与人的社会属性密切相关。人们通过各种体育休闲娱乐活动不仅满足了机体进行运动的本能需要，而且能使个体在休闲、娱乐方式中与社会的其他个体愉快地交往，并在其中尝试人类与自然界的物质、能量和信息的转化成果，品味其中的乐趣。

（三）文化传播服务

体育文化是特定社会的产物，它反映了不同历史时期的社会形态，也不同程度地反映了社会的本质，从而为人们理解社会、研究社会提供了一把"钥匙"。体育作为一种人类文化，储存人类历代社会实践的经验、教训以及对这些经验教训的思考，是人类宝贵的社会财富。体育本身的存在和传播，就是人类文化的标本和播种，通过体育这个载体，客观上促进文化的传递。体育，尤其是民族传统体育，往往以独特的方式起到桥梁和纽带的作用，将不同民族的文化传播到世界的各个角落，促进各民族文化的交流和融合，成为传播人类文化的载体和文明的使者。美式橄榄球、NBA篮球传遍世界各地，借助它的巨大影响，使美国的文化，美国的生活方式，也不同程度地在全世界范围内传播开来，影响了传入国人们的生活和观念。同样的如英式板球、日本的相扑、印度的瑜伽、中国的武术等，具有浓厚的民族文化色彩，借助体育这个载体，使全世界的人们得以感受到了不同文化的魅力，各民族的文化也如同长了翅膀，得以传播，为世界各国人们所欣赏和共享。不同国家、民族体育文化的碰撞和交融，促进了人类文化的融合和进步。

（四）提供"共谐"服务

为社会成员提供一种日常生活和体育活动的"共谐"感，使之在精神上得到某种稳定、和谐。现代体育的内涵早就超出了锻炼身体、增强体质的狭义理解和狭义范畴，成为现代人类必需的社会生活的重要内容，成为民族精神风貌和民族文化素质的反映，成为人们闲暇娱乐和审美享受的重要组成部分。

科技进步、经济的发展、社会商品的极大丰富，人们余暇时间的体育生态论延长，客观上为体育开展创造了物质条件，社会成员的需要也随着环境的变化而变化。现代人重视提高个人生活的品质和质量，而体育带给人的，不仅仅是满足社会成员对自身自然的改造需要，更重要的是能满足个体精神层次的需要，调适人们的精神生活，给人们营造一种和谐、健康、文明的个人生活和社会氛围，该作用和功效愈来愈凸显出来。

第二节　高校体育文化的生态化建构

一、高校生态文化

（一）高校生态文化与大学文化建设

高校生态文化是大学文化建设的重要组成部分，高校生态文化的优劣都将直接影响学校的生存与可持续发展。由于不同高校的办学背景、学校环境、人才培养方向、办学理念等有着不同类型和不同层次的划分，因此，不同学校的生态文化也呈现出明显的差异化。尽管如此，大学的生存与发展仍然对大学文化生态具有极强的依赖性。

第一，大学的多学科、宽学科的特点决定了其对物质环境的高依赖程度。同时，也由于这种特性，决定了高校发展不得不面临的重大挑战——采用一切有效可行的方法来美化校园环境、优化教学资源合理配置、完善教学设施以及提高现有物质资源的有效利用率等。除此之外，在学校扩招的过程中，学校生态文化也衍生出了新的问题，比如，学校面积扩大，多科类、多校区的大学数量增加，硬件教学资源和基础设施配置不得当等问题也逐渐凸显。在此情况下，寻找合理的方法来解决多校区造成的空间阻断问题，增强各部门之间的凝聚性，就成为高校迫切需要解决的问题。另外，在确保大学校园文化生态功能发挥方面，同样需要学校制订切实可行的计划，以促进校园美化，增强校区之间的整体互补黏性，进而赋予校园更浓郁的人文气息。

第二，大学规模庞大的属性导致了其组织结构和管理模式的复杂化。大学是一个微型社会，它承载着学校长久以来的历史发展，同时承担着弘扬社会传统文化、培养学生综合素养、服务社会主义现代化建设的重要责任。也正因此，大学通常具有庞大的规模，以及与之相适应的复杂化的组织结构和管理模式。而要确保大学职能的发挥，需要建立健全各项管理制度和激励制度，提升校园管理的内部规范化水平和大学管理的目标性。

整体来讲，大学管理的复杂性与人的因素有很大关系：首先，大学的主要群体构成是青春洋溢、充满好奇心和探索欲的大学生，与之基本特征相对应的是其所面对的学习压力、生活压力，这些压力对个体与群体关系、个体自身发展以及学校的稳定和谐产生负面影响；其次，大学生个体边缘化问题在学校规模扩充的过程中日益凸显，对学生的科学管理造成了严峻挑战。基于此，健全的学生管理制度就显现出了其在建立和谐的人际关系网络方面的必要性，这种制度不仅仅要保障学生的基本生活诉求，更要在学校范围内营造一种制度化氛围，以规范化的师生行为来助力和谐人际关系的搭建和积极健康心理状态的保持。

第三，大学的高知性决定了其对于社会建设的重要意义。随着全球化水平的提高和改革开放水平的不断提升，国家之间的竞争日益激烈，这种竞争的实质，就是人的竞争，是人的创新思维、创造能力和综合素养的竞争。大学是以培养社会所需的综合素质人才为职责的社会组织，是知识创新、人才培养、学术研究、思想启蒙、文化传播的主阵地，不仅可以为大学生学习现代化理论知识提供丰富的知识储备，还可以为大学生积极开展知识创造、学术研讨、未知事物探索以及实现个人成长进步等提供开放、自由的环境，这种环境的营造与保持同样离不开和谐的校园人际关系、舆论氛围、精神面貌和人文底蕴沉淀、学术研究氛围等。创新是新时代所呈现出的新特征，更是国家全面推进社会主义现代化建设的核心与灵魂所在，大学对学生的培养最终要实现的目标，就是让大学成为培养创新型人才的摇篮，使学生既具备丰富的知识储备，具备创新型人才所特有的创新精神、创造能力、综合素养。从这个角度来说，对于学校的生存和长远发展而言，能否营造一个开放化、创新型、科学性的学术交流生态和文化生态，显得尤为重要。

（二）高校生态文化的功能体现

1. 导向功能

所谓导向功能指的是大学文化生态在培养大学生正确的人生观、价值观、世界观和荣辱观等方面的导向作用，这种作用的最终目的是通过直接或间接的方式实现大学生的个人成长和全面发展。大学文化生态的导向性作用，来源于大学的精神文化，与大学环境文化、制度文化、行为文化等在树立明确目标、引导学生养成正确观念、合理约束学生的行为习惯等方面的积极作用相同，精神文化反映了人类历史和社会发展的基本规律，是与时代发展趋势和未来发展方向相适应的意识形态，它传递着一种积极向上的信号，在培养大学生对社会和人类历史发展的正确认识和引导大学生的行为方面有着重要的现实意义。

2. 激励功能

大学文化生态激励功能的存在和作用的发挥，将为大学的和谐可持续发展注入新的活力与动力，这种功能主要是大学文化生态中的精神文化、制度文化、环境文化、行为文化共同作用的结果，其最终表现形式在于对大学生积极性、主动性、能动性和创造力的带动，以及对大学生奋发向上、积极进取、不惧艰险、顽强奋斗精神培养的正面影响。具体来说，大学精神文化为其提供了科学目标指引；大学制度文化为其提供了条理清晰、赏罚分明的制度保障；大学环境文化为其提供了环境辅助；大学行为文化为其提供了严谨端正的心态。以上种种都满足了当代大学生的潜在心理需求。

3. 凝聚功能

凝聚性体现着大学精神文化、环境文化、制度文化、行为文化对大学文化生态的共同作用力，是大学文化生态向心作用和内聚作用的基本特征。具体而言，大学精神文化指明了大学生的共同理想、共同追求和共同奋斗目标，是大学文化生态凝聚功能的思想来源；大学环境文化为大学生的大学生活创造了和谐健康的氛围文化和认同感，这种认同感可以有效缓解大学生之间的矛盾冲突，提升大学生之间的凝聚力和向心力；大学制度文化的核心内涵在于为大学生的共同利益提供制度保障，因而它也是大学生之间的稳固关系和凝聚功能的基础；大学行为文化为凝聚功能的发挥提供了行为基础，主要在于它在创建大学生和谐关系方面的桥梁和纽带作用。这些作用形成了一股合力，转变成了一种共同的文化理念，推动着大学生之间团结、互助、友爱关系的发展，同时也为大学文化生态的全面稳定发展性提供了有力保障。

4. 辐射功能

大学文化生态的辐射性，主要体现在其对社会文化的影响力和联动作用。文化是一种处于不断交流、不断得到丰富与完善的普遍发展现象，而精神作为社会文化的有机构成，其发展规律主要体现在精神之间的相互影响。大学是一个小型社会，汇聚了人类历史发展过程中所积累的优秀文化和传统文明，集结了社会中多数受过高等文化教育的优质人才,在弘扬传统文化的过程中,这些优秀人才又在创造着新的文化。当大学毕业生进入社会时,他们会以其所接受的优质、创新文化对社会发挥作用,为社会文化注入新的活力,带动整个社会文化的健康发展。因此,大学文化生态的辐射功能并不仅仅是大学文化对大学生的校内影响,更为深远的影响力,在于对整个社会文化发展所发挥的促进作用。

5. 约束功能

约束功能指的是基于大学制度文化(如教学制度、管理制度、科研制度等)的大学文化生态对大学生的学习、行为、思想等方面的有形约束力,这种约束力主要通过大学制度规范转变成人的潜意识,并在这种潜意识作用下,大学生完成了对自身的检查、改进和约束,不仅有利于大学生全面发展的实现,更能在校园环境内营造一种和谐、有序的校园氛围,从而提高大学生的生活质量、学习质量以及大学的办学水平和知名度。除了制度文化的有参照目标约束之外,约束功能还体现在三个方面:①环境文化约束,即大学生活动的心理状态、组织形式、活动内容的空间范围等,都会受到环境因素的制约;②精神文化约束,这种约束力主要体现在对大学生理想、信念、道德、意识形态等层面的约束,及对大学生精神风貌的影响;③行为文化约束,即大学是人与人密切交集的小型社会,人与人之间的相互作用和相互影响构成了大学行为文化生态的约束力。

以上五种功能保持着密切的内在联系,相互影响、相辅相成、共同发挥作用。它们既明确指出了大学的未来发展方向和建设要求,也为大学的长远发展输送着源源不断的动力。不仅如此,大学文化生态作为社会文化的有机组成,其发展必将带动整个社会文化的共同进步。

(三)高校生态文化的重要意义

除了现代化的物质生态文化之外,高校独特的人文底蕴积淀对于现代大学的可持续发展而言,同样重要。标志性的学校建筑是现代大学展现在世人面前的外在形象,是学校的显性名片,标志性的理念和文化,现代大学良好形象的核心,因此,全面推进新时代大学的可持续发展,必须带动和谐的大学校园文化生态同步发展。

1. 营造文明的校园环境

与教师的传道授业解惑相同,文明的校园环境同样承担着育人的职能,良好的校园布局、建筑风格、校园绿化以及人文氛围等，都可以起到陶冶情操、启人思考的正面作用。因此，实现大学校园在物质环境和心灵抚慰方面的有机融合、和谐统一，成为大学的规划目标。而要达成这一理想，就需要在校园塑造方面坚持文明、启发、健康的基本原则，以建构一个环境优美、人文与自然调和、传统与现代兼具的现代化大学校园为目标，提高大学建筑、环境、基础设施等方面的人文底蕴，使大学的历史变革、荣誉成就遍布学校的每一个角落。同时，还应充分发挥大学校园在启发师生新思想、新创造、新修养方面的重要价值，彰显大学校园所特有的神圣感、肃穆感、文明化、进步性。

2. 实现科学的生态管理

大学的组织管理是大学文化生态的重要组成部分，大学组织管理工作是否做得到位、是否有效，将直接影响大学文化生态是否健全，以及大学的办学质量、育人效果和长远发展等能否有效提升。从这个角度来讲，大学管理不仅仅是大学日常工作的一个环节，更是一种校园文化，一种通过自身所特有的价值观、管理工具、语言等形式来提升校园文化生态系统的重要媒介。而要确保大学组织管理在办学、育人和长远发展方面的重要作用，就要坚持"和谐"的价值观、"以人为本"的信念、"科学的组织，合理的制度"的原则，以及"生态系统的管理方式"的工具、"恰当的人文关怀"的语言，全力推进科学合理、公平公正、权责分明的机构设置，全面推动管理生态的人文化、科学化、规范化、制度化、可持续化，全面激发师生参与校园管理、校园发展的积极性、主动性、能动性，实现人的需求得到满足、人与自然和谐共处的最终目标。

3. 创造和谐的文化氛围

和谐的文化氛围是大学校园文化生态的精神内核和灵魂所在，是大学人文底蕴的不竭源泉，是大学实现长远、可持续发展的重要支撑。通常来讲，和谐的大学文化氛围主要包括校风、师风、学风、积极健康的人际关系等，这些组成部分的和谐程度直接影响着大学生的大学学习、人格养成和能力提高，这种长效影响力甚至会伴随大学生终生。也就是说，当大学生所处的校园环境和校园文化是和谐的，那么他们所接受到的熏陶也必定是积极向上的，同时，在这种和谐氛围的影响下，大学文化的长远发展也必将是健康的。在新的时代背景下，大学和谐文化氛围的营造具有历史必然性。

就现阶段而言，社会主流文化倾向于人与自然的和谐共处，同时，这也是社会可持续发展的内在要求。因此，大学的可持续发展也必须以此为导向，在学校氛围内营造有利于这一目标实现的舆论氛围、精神氛围、人际关系，即人与人之间的团结合作、互帮互助、关心友爱的生态环境，只有这样，才能为大学文化注入活力与生机，才能以更积极向上的状态推动大学教学质量的提升和人才培养计划的实现，才能以"物质精神化"的文化生态推动可持续发展的大学梦得以实现。

二、高校体育文化生态建构

（一）强化学生对生态体育的常识教育

高校体育文化生态化过程中应合理利用各种自然因素，适量地、科学地、不拘形式地进行锻炼的体育活动。生态体育倡导了一种健康的体育运动方式，没有固定的规则、程序，不需要标准的场地和成绩考核。生态体育要求大学生科学地掌握体育运动常识、健康的生活方式和体育锻炼方式，其中包括体育锻炼、合理饮食、正确面对压力等内容，并且将其形成一种生活习惯。因此，高校应"构建生态体育课堂，以生为本，注重学生个性化，实现学生成长、学校教育、体育发展的和谐统一，践行终身体育教育，从根本上提高学生身体素质，坚持可持续发展"。[1]

生态体育强调运动过程中要注意运动方式的科学，要避免复合运动或者负荷锻炼。生态体育认为应该借助科学的锻炼帮助身体减轻疲劳，缓解神经紧张。举例来说，可以借助游泳、跑步、快走等方式恢复身体机能。除此之外，还可以使用相对放松的活动，比如说度假、旅游来为身体创造更加舒适的生活环境，以此来实现身体、大脑等方面的调节和放松。

生态体育认为人应该以健康的方式去生活，生态体育当中提到的健康生活方式指的是适当的体育锻炼、适当的饮食以及保持良好的健康习惯。高校体育教学当中，生态体育理念的运用主要体现在让学生掌握基础体育知识、基础体育技能。在生态体育理念的影响下，学生将能够正确处理身体和生活、身体和工作之间的关系，将能够长久地保持健康意识，始终遵循生态体育思想的指导，正确地参与工作、参与锻炼。从这个角度来看，生态体育在一定程度上助推了学生的更好成

---

[1] 邓昌亚，贺炜. 体育生态课堂的建构研究 [J]. 青年与社会，2019（19）：73-74.

长,转变了学生的生活方式,帮助学生养成了健康的生活习惯。高校在开展体育活动中,将体育文化和生态体育充分地结合之后,明显在体育教育活动当中收获了良好的体育教学效果。高校实现了提高大学生健康水平、引导大学生使用正确体育理念、健康生活、健康发展的目标。

(二)加强体育基础设施生态化建设力度

第一,为生态体育活动的开展提供更多的基础设施。高校的体育设施大部分属于国有资产,高校体育设施因为国有资产的属性,所以,需要为社会公众的锻炼健身提供服务与支持。也就是说,对于高校来讲,体育场馆的建设必须以服务社会公众为基本思想、基本理念,体育场馆在建设过程中所开展的改革也需要遵循服务公众理念的指导。高校在开展生态体育基础设施建设过程中需要遵循市场发展的规律,突出体现为公众服务的目的,也就是说,高校应该承担自身在服务公众方面的基本职责。

高校应该在体育设施建设方面投入更多的资金支持、人力支持,加强对体育场馆、体育设施的日常检查和维护,也就是说,高校应该更加强调对体育场馆、体育设施的管理,以此来保证生态体育发展需要可以得到有效满足。

第二,高校应该培养体育场馆工作人员,提升他们在管理方面的水平。高校体育场馆工作者除了要负责管理体育场馆的日常活动之外,还要维护体育场馆使用的与生态体育有关的设施。除此之外,还应该掌握修理技术,对出现问题的设备进行维修。从高校的角度来讲,加强工作人员的管理、提升工作人员的管理水平有助体育设施长久稳定地发挥功能与作用,有助设施更好地为体育活动提供服务。

第三,高校应该科学设置体育场馆的开放时间。高校提供生态体育基础设施是为了体育专业更好地开展教学,除此之外,也是为了让学校当中的其他师生工作人员更便利地开展体育活动,高校除了专门为体育专业的学生设置开放时间之外,也应该专门为其他人员设置开放时间。

第四,高校应该合理利用体育馆的室内训练场地。高校应该注重场地功能的开发,应该注重生态体育基础设施的合理运用,条件允许的情况下,应该尽可能地让一个基础设施为多个体育项目提供支持与服务。此种做法可以让体育基础设施以及体育场地充分发挥作用。

第五，高校应该注重生态体育基础设施在寒假以及暑假的利用率。高校应该专门制订"假期体育活动计划"，提高生态体育基础设施在假期期间的利用率。高校可以借助体育基础设施服务的提供，在假期期间有偿经营体育馆。高校的此种做法不仅为更多热爱体育运动的爱好者提供了更好的服务环境，也为自身的发展获得了一定的经济回报，高校可以利用经济收入为体育馆的发展提供更多的设施支持。

（三）提升高校学生对生态体育的参与意愿

高校在发展过程当中之所以在校园内建设体育文化，是为了更好地培养当代大学生养成较好的体育习惯、体育素养，高校希望通过体育文化的建设让大学生形成终身体育意识，让大学生意识到体育和生态文化发展之间也存在必然关联。高校建设校园体育文化可以帮助学生树立正确的人生观、价值观，高校体育文化的建设也在其他方面助推了其他文化的更好发展。高校体育文化强调文化建设应该是开放的，这样体育文化才能更好地传播。高校开展生态体育运动需要培养学生的体育意识，在此基础上，遵循快乐体育理念的指导，开展各种各样的活动。在高校构建的体育文化氛围当中，学生可以养成更好的体育习惯，学生的身心也能够得到健康发展。生态体育理念更加强调学生和大自然之间的交流互动，更加注重学生充分融入自然环境当中。

（四）强化教师体育课堂生态化素养

高校体育文化想要实现生态化发展，需要体育教师积极引领、积极倡导。体育教师主要负责激发学生对体育学习的爱好和兴趣。学校在开展生态体育运动的过程中需要借助体育教师作为宣传载体，也需要体育教师在具体的实践活动中践行生态体育理念。对于生态体育活动的开展来讲，体育教师是核心力量。因此，高校需要完善和优化学校的体育师资队伍，为体育活动的开展提供强有力的支持。与此同时，高校也应该呼吁体育教师注重体育教学研究，不断地提升教学水平，创新体育教学方法，让体育教学展现出更高的教学质量。

高校在构建校园体育文化的过程中，应该做到以下几方面的要求：首先，培养体育教师，让体育教师可以在工作中积极努力地认真思考、创新。也就是说，高校应该培养出一支具备创新能力、教学素质、教学水平的师资队伍。其次，高校应该转变对体育文化建设的管理制度，创新管理理念，注重通过文化的方式展开管理，建设出更加科学、更加人性化的管理制度。

（五）加强校园体育文化生态化的内涵建设

校园体育文化生态化是高校体育教师、体育学生遵循生态体育理念指导基础上构建的与体育物质、体育精神有关的体育文化形态。校园体育文化生态化可以展现教师和学生在体育方面的价值取向、观念意识，它是所有师生通过学习、实践之后所获得的学习成果。校园体育文化生态化属于校园体育文化的一种，它是生态文化和校园文化融合之后而形成的文化形态。在分析校园生态体育文化的具体内涵时，可以从三个角度来理解，分别是物质层面、精神层面以及制度层面。高校校园生态体育文化可以通过潜移默化的方式去影响当代大学生的思想、意识、行为以及价值观念，它在一定程度上承担了育人职责，发挥了育人功能。在进行生态体育文化建设的过程中，高校除了关注客观环境、自然生态环境的建设之外，也要注重学生主观意识的教育与培养。这样，校园生态体育文化建设才能发挥重要的育人作用，也只有这样，高校生态体育文化建设才能体现出自身具有的"大学精神建设、管理制度建设以及人文环境建设"等方面的内涵。高校校园生态文化建设育人功能的展现要符合当今的时代特征，显现出社会主义的鲜明特点。高校可以借助校园生态文化建设构建和谐校园。

高校在开展生态体育运动的过程中，需要注重开展形式的多种多样。高校应该积极进行生态体育运动模式方面的创新，让生态体育运动有更加丰富的运动内容。在运动内容、运动形式越来越丰富的情况下，学生更愿意参加生态体育运动。高校在设计和创新体育模式体育内容时，应该以学生的喜好为基础，在此基础上，成立体育俱乐部。体育俱乐部应该设置更多学生喜爱的体育运动，删除、减少不符合学生身心发展、无法引起学生兴趣的运动项目，以学生兴趣爱好为基础设计生态体育运动内容、运动形式可以有效提升学生的积极性以及兴趣，学生会更愿意参与生态体育活动。

第三节　大众体育生态环境的可持续发展

"随着社会生产力不断提高,大众体育的蓬勃发展就对环境有了更多的要求,故而产生了大众体育生态环境。"[①]

一、制度规划系统方面

(一)个人行为与大众体育生态环境可持续发展

1. 激发个人参加健身活动的意愿

个人之所以不积极不愿意参加健身活动,是因为个体没有意识到终身开展体育活动的重要性,除了个体主观原因之外,在客观上,社会也没有对个体进行科学的指导,没有为个体提供更为便利的场地支持以及器材支持。因此,社会应该引导个体科学系统地了解和认识体育活动,让个体真正意识到终身体育的重要价值。只有这样,个体才能从内部形成愿意参加体育活动的积极意愿。也就是说,社会应该从外在角度为个体的体育运动开展提供更为便利的条件,让个体内心强烈的体育运动愿望能够得到更好的满足。

2. 强化个人对体育生态环境认识

目前城市中的普通群众并没有形成强烈的保护体育环境意识,他们虽然知道健身非常重要,自身也提出了想要参与体育活动的想法,但受到生活原因、工作原因的影响,他们没有办法持续稳定地进行体育锻炼。在这样的情况下,大众体育健身的目标没有办法实现。社会应该呼吁市民尽可能地协调生活工作和体育之间的关系,应该尽可能地抽出时间参与体育锻炼,并且长久稳定地坚持体育锻炼。只有市民积极主动地保护当下的体育生态环境,形成更强烈的参与体育运动的意识,市民才可能终身参与体育运动。

3. 树立理性的体育消费意识

大众体育健身和体育消费意识之间相互影响、相互辅助。社会应该注重培养公众形成正确的体育消费意识,承担自身引导大众建立正确消费意识观念的责任。

---

① 王晓雁. 我国大众体育生态环境可持续发展研究 [D]. 长沙:湖南师范大学,2013:60-78.

在公众形成正确的体育消费意识之后，社会可以在此基础上更好地呼吁大众参与健身活动，引导大众对体育健康展开正确投资，引导大众通过消费的方式满足自身体育锻炼方面的愿望。体育消费意识的理性不体现在体育消费的类型方面，它的理性体现在：能够帮助个体身心更好地发展、帮助个体展开更加丰富的业余生活、能够培养个体形成更高尚的情操。在理性体育消费意识的影响下，个体可以形成更加健康、有趣、丰富、科学的生活习惯，在健康习惯的支持下，个体将会获得更好的生活享受，也能够实现自身的持续发展。当下，社会体育消费必然会越来越多样化，在个体的消费情况当中，体育方面的消费也会占据更多的比重。所以，培养社会公众形成理性的体育消费意识至关重要。

4.养成健身活动的习惯

健身习惯能够让公众持续稳定地开展体育运动。养成健身习惯之后，个体内心将会产生更强大的驱动力，个体将会更加关注自身的身体健康，也会投入更多的精力参与健身活动。具体分析健身习惯养成过程当中的影响因素，可以发现健身效果的影响最大，健身效果从根本上决定了大众健身习惯的形成。个体最初健身是为了获得良好的健身效果，当个体获得理想中的健身效果之后，得到极大的满足，这种满足促使个体持续开展健身活动。综合对健身习惯的影响因素进行分析，可以发现主要有四个影响因素，分别是社会环境、行为环境、个体心理因素以及个体对体育的态度，其中最为重要的是个体对体育的态度。

第一，社会应该引导个体系统全面地认识体育健身的重要价值，引导个体形成正确地看待体育的价值观念，培养个体对健身活动的兴趣。

第二，社会应该科学指导个体参与健身活动，让个体获得更好的健身体验，除此之外，社会还应该为个体健身活动提供更好的条件和支持，这样，个体才能坚持参与健身活动。

第三，社会应该借助大型体育活动的号召性、影响力，帮助个体克服自身惰性。个体形成自律性之后，会更好地督促自己健身，进而养成良好的健身习惯。

（二）社团行为与大众体育生态环境可持续发展

大众和体育之间的关联建立主要借助体育社团。具体分析体育社团可以发现，它能够大面积地覆盖社会群众，有很多社会成员，并且和社会成员之间有紧密的关联。体育社团的存在极大地推动了体育向大众化方向发展，体育的传播、体育的复兴都需要依赖于城市体育社团。社会公众可以借助体育社团满足自身在体育方面的发展需求，也可以借助体育社团和外界环境沟通，和他人建立友善的人际关系。在参与体育社团的活动时，个体可以释放情绪、交流情感。可以说，体育社团的存在在一定程度上缓冲了社会冲突和社会矛盾。体育社团属于城市体育事业的重要分支、重要构成，体育社团将会为体育生态环境的稳定发展提供支持。

第一，体育社团会通过组织大众喜爱的体育项目的方式帮助大众锻炼身体、保持健康、加强体质，让大众形成良好的生活习惯，让大众更好地适应环境变化。

第二，体育社团的发展需要深度挖掘大众体育资源，需要传承我国传统的、优秀的体育文化。

第三，体育社团的发展应该注重资源共享，强调优势互补，构建繁荣的城市体育社团局面。体育社团的组织应该丰富化、多元化，体育社团在大众体育生态环境构建以及稳定发展中扮演着至关重要的角色，发挥着不可替代的作用。

（三）媒体行为与大众体育生态环境可持续发展

第一，大众体育生态环境的构建应该利用媒体，借助媒体的宣传作用在社会范围内引起更大的舆论反响，在社会当中构建热爱健身的良好氛围。具体来讲，应该从以下两个角度出发：首先，提升宣传力度，扩大宣传范围；其次，创造更加多样、更加丰富的宣传形式，宣传手段的丰富可以让更多的大众了解到体育生态环境持续发展的重要性，也能在一定程度上吸引社会公众，让他们通过体育锻炼的方式形成更加乐观的生活态度。

第二，应该借助传统媒体向社会公众普及与体育生态环境发展有关的知识，引导大众了解区域生态环境的相关问题。在介绍知识的过程中，也应该为社会群众提供体育场所信息，并且为社会群众推荐他们容易掌握并且有一定兴趣的体育活动，这样的宣传可以在一定程度上激发社会公众对体育的兴趣，更好地吸引社会公众积极地参与体育活动。更多社会群众的加入可以在一定程度上推动体育生态环境的持续发展、系统发展、产业发展。

第三，城市媒体应该更加关注大众体育活动。城市媒体应该平均将关注力分配给竞技体育以及大众体育，城市媒体对大众体育的重视有助于更好地构建大众体育生态环境。首先，城市媒体应该借助电视、网络报道与大众体育有关的竞赛或者活动；其次，基层社区也可以鼓励大众投稿投信，并且选出优秀的信件刊登在社区当中；最后，城市媒体应该深度挖掘大众体育活动所体现出的亮点以及热点，以便可以更好地吸引社会公众。

第四，社会应该科学地培养大众的体育消费意识，引导大众观赏体育节目，参与体育节目，媒体也应该向外扩大报道规模，扩大大众体育在社会当中的影响力。

第五，媒体应该深入开发设计与大众体育有紧密关联的内容产品。举例来说，媒体可以开发设计体育健康咨询节目、体育娱乐节目、体育用品讲解介绍节目，这些类型的节目和体育有紧密的关联。随着社会媒体对体育的全面接受、全面推动，社会公众会越来越关注大众体育赛事，也会更愿意参与大众体育赛事，自然而然也会有更多的体育消费。借助大众体育活动，个体自身的体育文化需求也得到了更好的满足。

二、构建功能系统方面

（一）家庭体育促进大众体育生态环境可持续发展

家庭是社会最基本的组成单位，家庭体育活动的开展有助家庭成员健康成长，有助家庭关系的和睦，有助家庭成员形成更加乐观更加自信的品质。

第一，学生如果在家庭体育中受到了良好的影响，借助家庭体育教育活动所打下的根基，学生将更容易投入学校的体育学习活动，学生在学校体育活动中的积极参与，也能在一定程度上促进家庭体育活动的更好开展。

第二，在一定程度上，家庭体育是学校体育活动向外的延伸，学生想要接受全面的体育教育，就不能仅仅依赖于学校所提供的体育活动。学校教学时间有限，需要家庭体育教育的参与，尤其是周末，学生接受体育教育基本都需要家庭体育发挥作用。

第三，构建以学校体育教育为主、家庭和社区体育教育为辅的整体模式。学校可以借助学生体育学习自我报告、家庭体育健身卡等方式在学校和家庭之间构建起体育桥梁，构建出桥梁之后，家庭和学校就可以在体育教育方面形成合力，促进学生进行体育运动。

（二）学校体育促进大众体育生态环境可持续发展

全民健身计划的实现离不开学校体育工作的支持，不仅如此，竞技体育以及大众体育都需要学校体育工作提供支持，学校可以提供体育教学活动，让学生了解优秀的体育文化。

学校体育工作的开展会对体育未来的稳定持续发展产生影响，学校体育工作的开展可以为体育持续发展提供更多的后备军、储备军，从这个角度看，学校体育是未来社会体育可以持续发展的根基。所以，当下应该着重挖掘学校在开展体育工作方面的作用以及潜力，学校开展体育工作应该以学生体质的增强、学生健康水平的提升作为基础，应该着重培养学生对技术知识的掌握。通过技术和知识的培养，学校可以引导学生形成终身体育锻炼的意识，养成终身开展体育活动的良好习惯。这样的意识和习惯会让学生参加社会工作之后依旧坚持自我运动、自我健身。通过健身活动，学生将会保持强健的体魄，也将会为社会主义发展提供更好的支持。通过学校的培养，未来社会的接班人将会更加积极地参与体育锻炼，我国大众体育生态环境的稳定发展、持续发展也会得到更好的保障。

（三）社区体育促进大众体育生态环境可持续发展

大众体育活动的开展需要依赖的基本场所是社区，在社区开展体育工作看似简单，但是涉及很多复杂的问题。社区主要是为居民提供医疗、教育、安全等方面的保障，随着人民生活水平的提高，居民也对体育锻炼的需求提高，要求社区为其提供基本的体育服务。

第一，城市街区应该发挥自身的行政作用，积极协调沟通，让体育场所对社会群众开放，与此同时，也应该根据街区规划建设体育馆。

第二，社区应该邀请专家举办定期的体育知识讲座、体育技能培训班，提升大众对体育知识的掌握水平，专家的到来也能更好地引导社会公众参与体育活动，学习体育技能。

（四）体育俱乐部促进大众体育生态环境可持续发展

从客观角度进行分析，体育俱乐部的出现让竞技体育和大众体育之间有了更加紧密的联系，发达国家当中，体育俱乐部是非常普遍的社会组织。体育俱乐部主要有三种形式：商业、职业以及业余。体育俱乐部的出现吸引了更多的体育爱好者，体育俱乐部通过举办活动的方式提升了会员的体育水平，也吸引了更多的公众积极参与体育活动。在体育运动项目相对发达的国家当中，体育俱乐部的成员在全部的人口占有比例较高，我国在构建大众体育生态环境的时候，也需要借助体育俱乐部的支持。

体育俱乐部是现代社会文明发展的标志，体育俱乐部可以在以下几个角度为大众体育生态环境的持续发展提供支持：

第一，可以充分整合体育资源，协调社会力量，让社会力量、社会资源更好地助推体育的发展。体育俱乐部的出现推动了大众体育的市场化发展，社会组织团体以及个人可以根据法律要求组织和开展与体育相关的活动。

第二，体育俱乐部可以承办没有办法由政府直接承办的体育活动，也正是因为体育俱乐部的非政府性，所以，体育俱乐部更加关注普通大众的健身活动。

第三，体育俱乐部可以从更多的渠道获取资金支持，在这样的情况下，体育俱乐部会显现出更强的公益性，普通市民将有更多的机会接触体育俱乐部。

三、培训服务系统方面

（一）优化社会体育指导员培训制度

在全社会范围内开展健身活动需要社会体育指导员的支持。对于社会大众来讲，学习体育运动的知识与技能也需要社会体育指导员这一重要力量的指导。社会体育指导员想要真正发挥出作用，需要依赖于社会体育指导员培训任用制度。具体来讲，制度完善应该从以下几个角度入手：

第一，在社会上宣传社会体育指导员作用，让社会公众对社会体育指导员的重要作用有一定的了解，让社会公众认可社会体育指导员的地位，这样社会体育指导员才能发挥自身的引领作用，引领大众学习体育知识、学习体育技能，为社会培育大量的大众体育人才。

第二，应该对社会体育指导员开展综合的系统化思想培养、组织建设。想要整体提升社会体育指导员的素质水平，必须改革与创新社会体育指导员队伍结构，通过改革促进社会体育指导员的职业化发展，并且为社会体育指导员建立专门的教育制度。

第三，社会体育指导员培训制度应有所优化，应该为社会体育指导员的培训提供多种多样的培训渠道、培训方式。与此同时，应该号召学校当中的体育教师积极参与社会体育教育活动，积极加入社会体育指导员队伍。社会学校体育教师的加入可以让社会体育指导员队伍更加专业，社会体育指导员队伍的整体水平、整体素质也会有一定的提升。除此之外，也可以鼓励号召事业单位以及社会当中其他优秀的体育专家加入社会体育指导员队伍。

第四，社会体育指导员管理法规应该优化，管理体制应该完善。社会体育指导员的管理应该遵循法律规定展开，与此同时，还应该专门成立社会体育指导员管理机构，在不同地区成立社会体育指导员协会，为各个地区建立符合其实际需求的体育社团，构建网格化的社会体育管理网络。

（二）优化大众体育志愿者服务体系

大众体育生态环境的持续发展、科学发展、组织发展也需要依赖于大众体育志愿者。大众体育志愿者想要发挥作用需要优化大众体育志愿者服务体系。

第一，应该在社会范围内进行思想宣传，培养人们的志愿者精神、无私奉献精神，通过宣传在大众心里种下大众体育志愿服务的种子，种子不断发芽，社会上就会出现众多的大众体育志愿者。高等院校的体育教师、体育学生应该在大众体育志愿服务体系建设当中发挥引领作用、统帅作用，高校的体育专业师生掌握体育专业知识和技能，他们的加入可以在社会当中营造出更浓厚的大众体育志愿服务氛围，发挥领头羊作用，成为社会公众参与大众体育志愿活动的榜样。

第二，专门成立大众体育志愿服务领导协调机构。该机构可以整合分配、协调利用大众体育志愿者资源，与此同时，该机构还可以动员更多的志愿者参与大众体育活动，加强对大众体育志愿者的培训，让大众体育志愿者有更高的服务质量、素质水平。通过大众体育志愿服务领导协调机构的工作，大众体育志愿者规模将会持续扩大，将有越来越多的志愿者加入大众体育队伍，更多的社会力量为大众体育志愿服务事业的开展提供帮助。除此之外，该机构的成立还能够规范大众体育志愿者管理，可以对志愿者进行登记，也可以对志愿者的工作进行考评。同时，机构还可以专门成立志愿服务基金，帮助大众体育志愿事业更好地开展。

第三，大众体育志愿服务稳定持续地开展需要法律的保障。大众体育服务过程中可能会出现一系列的问题，各方利益会受到不良侵害，所以，大众体育志愿工作的开展急需要法律的保障及法律的规范。只有相关法律法规逐步完善，大众体育志愿事业才可能有更好的发展环境，大众体育志愿管理层才可能有法可依。从社会的角度看，法律是一个社会稳定存在的基本保障，大众体育志愿服务事业也是一样，它的稳定发展需要法律的保护与约束。

第四，建立体系化、系统化的体育组织，构建出大众体育志愿者服务网络。构建的网络可以对志愿者组织进行统筹管理，也可以促使大众体育志愿服务组织的多元化发展，体系网络建设应该构建信息化管理平台。依托该平台，大众体育志愿的供求双方可以更好地连接。例如，管理者可以在平台中发布与大众体育志愿服务有关的信息，大众也可以在平台中表达自己对体育志愿服务的需求。可以说，平台的出现让信息实现了平等对称的传播。总的来看，大众体育志愿者服务网络、服务平台的搭建推动了大众体育志愿服务的持续发展、稳定发展、科学发展、规范发展。

结束语

随着社会文明、全球经济的不断发展，体育已经成为国家精神与力量的重要表现形式之一，体育活动形式也更加倾向于全球化、现代化。在新时代背景下，为了更好地建设体育文化，需要明确体育文化的本质内涵，并在此基础上阐述其价值意义及相关性，分析当前体育文化建设状况，提出良好的建设策略。同时，应结合实际情况，加强体育文化宣传引导，建立优秀的体育文化培养体系，优化体育设施建设，创造适合人们的体育文化氛围，重视体育文化的生态建构及可持续发展，顺应新时代对体育文化建设的发展方向。

参考文献

一、著作类

[1] 王彦英.多元体育文化的创新与发展研究[M].北京：中国书籍出版社，2018.

[2] 奚凤兰，高中玲，杜志娟.生态文明背景下我国农村体育文化建设研究[M].西安：西安交通大学出版社，2017.

[3] 游海燕，肖进勇.体育生态论[M].成都：四川科学技术出版社，2008.

二、期刊类

[1] 白蓝."一带一路"背景下中国体育文化对外交流研究[J].体育学刊，2020，27（2）：32-36.

[2] 陈奥娜，曲淑华，谢永民等.近十年我国体育文化研究热点聚焦与未来展望[J].体育文化导刊，2021（8）：47-52.

[3] 陈晴.体育教学呼唤体育文化素养[J].南京体育学院学报（社会科学版），2006，20（1）：93-94.

[4] 陈媛媛，马小平.高校校园体育文化建设[J].首都体育学院学报，2004，16(1)：10-13.

[5] 崔乐泉，张红霞.中华优秀传统体育文化的缘起与特征[J].武汉体育学院学报，2020，54（7）：13-20.

[6] 邓昌亚，贺炜.体育生态课堂的建构研究[J].青年与社会，2019（19）：73-74.

[7] 邓盛宇.新媒体环境下体育文化传播路径探析[J].冰雪体育创新研究，2022

（05）：50–52.

[8] 董杰，董群. 体育文化服务初论 [J]. 体育与科学，2004，25（2）：28–29.

[9] 杜甲勇. 论校园体育文化建设 [J]. 中国成人教育，2007（22）：69–70.

[10] 段长波. 高校校园体育文化新思考 [J]. 教育与职业，2009（18）：184–185.

[11] 范洪悦，朱春勇，韩彬斌. 高校校园体育文化建设优化策略探究 [J]. 产业与科技论坛，2021，20（14）：251–252.

[12] 韩兵. 辽宁省高校体育文化建设现状与对策研究 [J]. 哈尔滨体育学院学报，2019，37（06）：71–75.

[13] 郝勤. 论体育与体育文化 [J]. 上海体育学院学报，2012，36（3）：3–6.

[14] 何义霞. 高校生态文化建设的有效路径研析——评《高校生态文化建设与文化育人路径探索》[J]. 领导科学，2022（05）：151.

[15] 乐凤莹，周璐. 新媒体环境下高校体育文化传播创新路径研究 [J]. 当代体育科技，2022，12（06）：153–156.

[16] 梁思军，牛辉. 体育文化消费初探 [J]. 体育与科学，2003，24（1）：31–32.

[17] 刘爱华. 体育文化创新初探 [J]. 体育与科学，2005，26（4）：18–19.

[18] 刘纯献，刘盼盼，冉祥华，等. 试论体育强国与体育文化建设 [J]. 体育文化导刊，2013（5）：1–3，15.

[19] 刘惠. 我国体育文化传播研究 [J]. 体育文化导刊，2009（11）：118–120，136.

[20] 陆英浩，柏慧敏. 休闲体育文化的意义隐喻 [J]. 上海体育学院学报，2013，37（2）：34–37，80.

[21] 吕慧鹏. 微时代高校体育文化传播平台构建 [J]. 当代体育科技，2020，10（10）：8–9.

[22] 彭雪涵. 论高校体育文化 [J]. 福州大学学报（哲学社会科学版），2004，18（4）：107–111.

[23] 申全. 体育影像中体育文化的传播 [J]. 电影文学，2012（2）：56–57.

[24] 宋亨国. 论多元体育文化 [J]. 体育文化导刊，2009（5）：48–51.

[25] 苏华. 高校体育文化发展初探 [J]. 体育文化导刊，2011（1）：111–112.

[26] 王晓雁. 我国大众体育生态环境可持续发展研究 [D]. 长沙：湖南师范大学，2013：60–78.

[27] 王月芝，李照和.大学体育文化的构建[J].黑龙江高教研究，2011（6）：54-56.

[28] 文闻.体育文化及其价值[J].中华文化论坛，2009（4）：92-96.

[29] 文闻.现代体育文化的理性分析[J].中华文化论坛，2010（3）：172-176.

[30] 吴文峰.中国体育文化近代变迁的重新审视[J].天津体育学院学报，2022，37（2）：238-243.

[31] 伍晓军.校园体育文化与素质教育[J].高教探索，2001（4）：76-78.

[32] 谢光辉，卢锋，张明.休闲体育文化解析[J].成都体育学院学报，2011,37(2)：48-50，74.

[33] 雪剑，李俊波.体育文化观[J].中国体育科技，2004，40（5）：7-9.

[34] 杨德银，龚德贵.校园体育文化建设[J].体育学刊，2001，8（3）：86-87.

[35] 杨海义.论高校体育文化建设[J].教育与职业，2007（9）：174-175.

[36] 杨文运，冯蕴中.论中国体育文化的输出[J].山东体育学院学报，2010,26(1)：6-12.

[37] 张敏青，李文平.高校竞技体育：大学体育文化发展的有效载体[J].浙江体育科学，2019，41（06）：65-68.

[38] 张文革，张四清.论体育文化的产业化[J].山东体育科技，2006，28（1）：44-46.

[39] 周丽华.高校校园体育文化思政建设三重维度与实践路径探析[J].广州体育学院学报，2021，41（6）：119-122.